AF539135

आलाप में गिरह

[कविता-संग्रह]

आलाप में गिरह

गीत चतुर्वेदी

राजकमल प्रकाशन

ISBN : 978-81-267-1853-5

मूल्य : ₹495

पहला संस्करण : 2010
पहली आवत्ति : 2022

प्रकाशक : राजकमल प्रकाशन प्रा. लि.
1-बी, नेताजी सुभाष मार्ग, दरियागंज
नई दिल्ली-110 002

शाखाएँ : अशोक राजपथ, साइंस कॉलेज के सामने, पटना-800 006
पहली मंजिल, दरबारी बिल्डिंग, महात्मा गांधी मार्ग, प्रयागराज-211 001

वेबसाइट : www.rajkamalprakashan.com
ई-मेल : info@rajkamalprakashan.com

मुद्रक : बी.के. ऑफसेट
नवीन शाहदरा, दिल्ली-110 032

AALAAP MEIN GIRAH
Poems by Geet Chaturvedi

पिता और बड़े भाई के लिए

Write it down
Write it.
With ordinary ink
on ordinary paper...

–Wislawa Szymborska

लिख डालो
लिख डालो यह सब
मामूली-सी स्याही से
मामूली-से काग़ज़ पर...

—वीस्वावा शिंबोर्स्का

अनुक्रम

नीम का पौधा

यह नीम का पौधा है
जिसे झुक कर
और झुक कर देखो
तो नीम का पेड़ लगेगा
और झुको, थोड़ा और
मिट्टी की देह बन जाओ
तुम इसकी छाँह महसूस कर सकोगे

इसे एक छोटी बच्ची ने पानी दे-देकर सींचा है
इसकी हरी पत्तियों में वह कड़ुवाहट है जो
ज़ुबान क़ो मीठे का महत्त्व समझाती है
जिन लोगों को ऊँचाई से डर लगता है
वे आएँ और इसकी लघुता से साहस पाएँ

कान बन्द

कितना अच्छा है
मेरे कान बन्द हैं
आसपास जो भी बुरा है
मैं उसे सुन नहीं सकता

जो कुछ भी अच्छा है
उसे सूँघकर जान लूँगा
नाक अभी खुली है

मैं आँखों पर विश्वास नहीं करता
आँखें सिर्फ़ फ़िल्म देखती हैं

आलाप में गिरह

जाने कितनी बार टूटी लय
जाने कितनी बार जोड़े सुर
हर आलाप में गिरह पड़ी है

कभी दौड़ पड़े तो थकान नहीं
और कभी बैठे-बैठे ही ढह गए
मुक़ाबले में इस तरह उतरे कि अगले को दया आ गई
और उसने ख़ुद को ख़ारिज कर लिया
थोड़ी-सी हँसी चुराई
सबने कहा छोड़ो भी

और हमने छोड़ दिया

बुरी लड़कियाँ, अच्छी लड़कियाँ

['मीट लोफ़' के संगीत के लिए]

साँप पालने वाली लड़की साँप काटे से मरती है
गले में खिलौना आला लगा डॉक्टर बनने का स्वांग करती लड़की
ग़लत दवा की चार बूँदें ज़्यादा पीने से
चिट्ठियों में धँसी लड़की उसकी लपट से मर जाती है
और पानी में छप्-छप् करने वाली उसमें डूब कर
जो ज़ोर से उछलती है वह अपने उछलने से मर जाती है
जो गुमसुम रहती है वह गुमसुम होने से
जिसके सिर पर ताज रखा वह उसके वज़न से
जिसके माथे पर ज़हीन लिखा वह उसके ज़हर से
जो लोकल में चढ़ काम पर जाती है वह लोकल में
जो घर में बैठ भिंडी काटती है वह घर में ही
दुनिया में खुलने वाली सुरंग में घुसती है जो
वह दुनिया में पहुँचने से पहले ही मर जाती है
बुरी लड़कियाँ मर कर नर्क में जाती हैं
और अच्छी लड़कियाँ भी स्वर्ग नहीं जातीं

कॉस्मेटिक सर्जरी

अचानक एक दिन
मेरे एक बच्चा हुआ

उसे दूध से नहला दूँ ताकि वह गोरा हो जाए
क्या करूँ उसके बालों का जो इतने घुँघराले हैं
उसकी नाक मेरे वक़्त की प्रचलित नाकों-सी नहीं
गाल भी इतने फुगे-फुगे
क्या करूँ इस चर्बी का, छील कर फेंक दूँ

इस बच्चे में जितना ज़रूरी हो
जितने से चल सके काम
जितने से लग सके वह सुघड़
और देखने वाले को हो सौन्दर्य का भान

उतना रखूँ और बाक़ी तुलसी में डाल दूँ?

मेरे वक़्त का एक अहम सवाल

मैं बुदबुदाता हूँ
और मेरी आवाज़ नहीं सुनी जाती
मैं फिर कहता हूँ कुछ शब्द
और इन्तज़ार करता हूँ
कुछ आवाज़ें फिर निकलती हैं मेरे कंठ से
वे मेरी ओर देखते हैं और
वापस काम में लग जाते हैं
मैं बोलते समय अपने हाथ भी हिलाता हूँ
खट-खट ज़मीन पर ठोंकता हूँ अपने जूते
चुटकी बजाता हूँ, ताली पीटता हूँ, एक सीटी भी मार देता हूँ
तीन शब्द में होना था काम
तीन लाख शब्द ज़ाया हो गए

क्या मुझे ज़ोर से चिल्लाना चाहिए?

क्षमैव

आज घर में झाड़ू लगाया है मैंने
परदे साफ़ कर दिये हैं
बिखरी किताबों से तुम चिढ़ती थीं
आज इन्हें भी क़रीने से रख दिया है
कपड़ों में ख़ुद ही कर ली है प्रेस
बर्तन भी धो दिये हैं
आज इतने दिन बाद तुम्हारे सिर पर रखा है तेल
तुम्हारे शरीर की मालिश भी कर दी है
नहीं, नहीं
धन्यवाद की कोई ज़रूरत नहीं
मैं धो रहा हूँ कुछ पुरानी ग़लतियाँ

दाल-बाफले

उपलों में भुन रहे हैं बाफले
मैं इन्तज़ार कर रहा हूँ
मेरी ज़िन्दगी में आया सबसे बूढ़ा आदमी
कैरियों को बार-बार टोहता था
वह बच्ची बार-बार किचन में आती है
जिसने थोड़ी देर पहले ही ली थी डकार
मालवा में मेरे पैरों के निशान मिट गए हैं
बेज़ार चटोरों को मेरी याद भी नहीं आई होगी

बाफलों को तोड़ चूरा बना दाल में बिखेर खाना था
मैं हाथों को रगड़ता हूँ और गर्म में फूँक मारने
का अभ्यास करता हूँ
कुएँ के पीछे जाकर उपलों को पहचान आना चाहता हूँ
ये राजमार्ग है भटकते हुए दरवेशों पर प्रतिबन्ध है
दाएँ-बाएँ नहीं सीधे देखना है
यहाँ-वहाँ देख लेने पर संवेदनाएँ जाग जाती हैं
और आगे के रास्ते बन्द हो जाते हैं ठीक उसी क्षण
बेवकूफ़ ऑर्फ़ियस पीछे मुड़ कर देखेगा
और हर बार क़िस्मत पर रोएगा

दाल बन जाने की ख़बर पहले से थी
बाफलों को धीरे-धीरे पकना था
ये दोस्ती बड़ी महँगी चीज़ है
जो आग में घुसे बाफले
अभी तक लौटकर नहीं आए

टूटता है कोई

एक बार उसने मेरे लिए रोटी बनाई
उस पर उसके हाथ की लकीरें चिपक गईं
फिर उठकर मेरे सिरहाने आई
छुआ मेरे माथे का ताप
और ले गई लकीरें साथ

किसी बूढ़े ने नीचे से आवाज़ लगाई
हम अपनी चुप्पी के पाश में थे
वह निकल गया छड़ी टकटकाता
उस पेड़ के नीचे जाकर बैठ गया
जो मुझे नज़र आता अपने बचपन का घर
मैं देवदूतों से उन दोनों की पैरवी करना चाहता था

बड़े-से घंटे पर कोई मारता है हथौड़ा
अन्तरिक्ष में टूटता है कोई पुच्छल तारा
गलियारे से चलने की आवाज़ आती है
कौन है जो गुज़रा है अभी-अभी
हड्डियाँ पहन

उड़ न जाए
सो पत्थरों से ढाँपकर रखा यह तन
ग़फ़लत में हो गए किसी पुण्य का
असर हो जाए कभी
इन्तज़ार में हूँ

कोई और सुर

हम उस ग़ज़ल के शेर हैं
जिसका क़ाफ़िया टूट कर
कहीं छूट गया

जिन्होंने हमेशा बह्र का ख़याल रखा
तुक के लिए सटीक शब्द
खोजने पर नए छंद भी मिले
मात्राएँ गिनने में कोई ग़लती न हुई
ग्यारह-तेरह तेरह-ग्यारह के नियम बनाए
सुन्दरता उनकी बाँहों में हाथ डाल चली गई

हम कुछ टूटी पंक्तियाँ, बिना तुक वाले शब्द
सम पर लौटने से इनकार करती हाँफ लिये यहीं खड़े अब भी

किसी सुभाषित ऋचा श्लोक पद या शेर की तरह
नहीं हो पाया हमारा जीवन
महा थे हम महाकाव्य न हो पाए
रोते हुए आए रोता छोड़ चले गए
सुने भी न गए इस बीच कभी

हमने पूछ लिया था—

सा और ग के बीच
रे क्यों जोड़ दिया

सा के ठीक बाद जो कम्पन पसलियों में भटकता है
वहाँ कोई और सुर भी हो सकता था

फिर
हम उस खोए हुए बेनाम सुर में रहने लगे

सेब का लोहा

पत्थर भी अपने भीतर थोड़ी मोम बचा कर रखता है
खुद आग में होता है बुझ जाने का हुनर
जब वह अपने आग होने से थक जाती है
गिरते हुए कंकड़ को अभय दे
अंगुल भर खिसक जाता है समुद्र एक दिन
सबसे हिंसक पशु की आँखों की कोर पर एक गीली लकीर
धीरे-धीरे काजल की तरह दिखने लगती है
सबसे क्रूर इनसान भी रोता है
और प्रार्थना में एक दिन उठाता है हाथ

पत्थर आग पानी और जानवर अभिनय नहीं जानते
मैं जानता हूँ

मुझे सेब की फाँक पर उग आया लोहा कह लो
या पहिए और पटरी के बीच से कभी फुरसत में निकली चिंगारी
या तमाम माफ़ियों की माँग से भरी वह प्रार्थना जिसका मसौदा सदियों से
अपनी जेब में रखते आया
पढ़े जाने के माकूल वक़्त का इन्तज़ार करते

जो कुछ छोड़े जा रहा हूँ
क्या उसके बदले सिर्फ़ एक माफ़ी काम की होगी
जिसे पढ़ना होगा पुरखों नहीं संततियों के आगे
बताना होगा कि मेरी हथेलियाँ बहुत छोटी थीं
छिटकते समय को सहेज लेने के वास्ते

सिर्फ़ एक रास्ता काफ़ी नहीं इस जगह से घर को
सिर्फ़ एक जड़ से नहीं मिला छतनार को जीवन
सिर्फ़ एक बार नहीं बना था परमाणु बम
सिर्फ़ एक अर्थ से नहीं चलता रोज़गार शब्दों का
सिर्फ़ नीयत ही काफ़ी नहीं होती हर बार
बिना चले गठिया का पता नहीं चलता

मैं भय विनाश भूख और त्रासदी से निकला हूँ
सिर्फ़ एक अनुभव से नहीं समझा जा सकता जिन्हें
सेब की फाँक पर उभरे लोहे से चाकू नहीं बनता

कोई आता है हाँक लगाता पुकारता मेरा नाम
एक उबासी से करता हूँ उसका स्वागत फिर ढह जाता हूँ
एक दिन वह बना लेता है उपनिवेश
मेरी देह और दिमाग़ के टू-रूम फ्लैट में
फिर छिलके-सा उतार दिया जाता हूँ
किसी आरोप या बिना किसी आरोप के

मेरी राजनीतिक उदासीनता राजनीतिक नासमझी में बदल जाती है
हर इच्छा एक नागरिक उदासीनता की तरफ़ ले जाती है

शरीर में लोहे की कमी है सड़कों और खदानों में नहीं
इसीलिए अपने हिस्से का सेब कभी नहीं फेंकता मैं
थोड़ा-सा मनुष्य भी है मुझमें
जो सदियों पुरानी धुनों पर गाता है भ्रम के गीत

कोई और रहता है मेरे भीतर
जो लिखता है कविता या गाता है
जब वह मेरे सामने आता है
मिलता नहीं कोना जहाँ अकेले बैठ थोड़ी देर सचमुच रो सकूँ मैं
अभिशप्त भटकता हूँ
जैसे लिखे जाने से पहले खो गई किसी पंक्ति की तलाश में

तभी झमाझम बरसती हैं स्मृतियाँ
भूल जाता हूँ पिछली बार कहाँ रख छोड़ा था छाता

शब्द के उच्चारण या नाद से निकली सृष्टि में
क्यों बार-बार भूल जाना कि
इतिहास से पहले भी जीवन था
बोली जाने वाली भाषा से पहले समझी जाने वाली
उससे भी पहले एक आँसू उससे भी पहले एक पीड़ा
उन्हीं के अवशेषों की भाषा लिखता हूँ

मुझको पढ़ना बार-बार पढ़ी जा चुकी किताब-सा आसान नहीं
मेरा हर व्यवहार एक विचार है
हर हरकत एक इशारा
मैं आधी समझी गई पंक्ति हूँ
अभी आधा काम बाक़ी है तुम्हारा

प्रश्न अमूर्त

शकरपारे की लम्बी डली को छाँपे चिपकी चींटियाँ हैं
या सन् '47 में बँट गई ज़मीन के उस पार से आती ठसाठस कोई ट्रेन

सबसे बड़ा छल इतिहास के साथ हुआ
इतिहास के नाम पर इतिहास के खिलाफ़
याददाश्त बढ़ाने की दवा बहुत बन गईं
कोई ऐसी दवा बनाओ जिससे भूल जाया जाए सब

उस प्रोटॉन की मजबूरी समझो
जो चाहे जितनी बग़ावत कर ले
रहना उसे इलेक्ट्रॉन के दायरे में ही है
निरन्तर भटकन की अभिशप्त गति से

अपने ही पानी में डूब गया
कोई बदबख़्त समुद्र

एक दिन जब मर चुकी होगी मेरी भाषा
किस भाषा में पढ़ोगे तुम मेरी भाषा का मर्सिया
इसकी तस्वीर पर टँगे फूल को कहोगे
किस भाषा में कौन-सा फूल?

उन लोगों के बारे में जिन्हें मैं नहीं जानता

1

मैं जागता हूँ देर तक
कई बार सुबह तक
कमरे में करता हूँ चहलक़दमी
फ़र्श पर होती है धप्-धप् की ध्वनि
जो नीचे के फ्लैट में गूँजती है
कोई सुनता है और उसकी लय पर सोता है
मेरी जाग से किसी को मिलती है सुकून की नींद

मैं नहीं जानता उसके भय, विश्वास और अन्धकार को
उसकी तड़प और कोशिशों को
उसकी खाँसी से मेरे भीतर काँपता है कोई ढाँचा
उसकी करवट से डोलता है मेरा जड़त्व

कुछ चीज़ों को रोका नहीं जा सकता
जैसे कुछ शब्दों, पंक्तियों, विचारों और रंगों को
किसी हँसी किसी रुलाहट
प्यार और गुस्से के पृथक् क्षणों को
उन लोगों को भी जिनके बारे में हम ख़ास नहीं जानते
उन्हें जानने की कोशिश में
जाने हुए लागों के और क़रीब आ जाते हैं
आसपास उनके जैसा खोजते हैं कुछ
और एक विनम्र भ्रांति सींचते हैं उन्हें जान चुकने की

पोस्टमैन*

[निर्वासन के दिनों में एक छोटे द्वीप पर नेरुदा के साथी के लिए]

2

अपने कमरे में लेटा पोस्टमैन है
जो नेरुदा को पहुँचाता था डाक
हालाँकि उन्हें गए अरसा बीत गया

जैसे आवाज़ करती है सुने जाने का इन्तज़ार
और भटकती है हवा में अनन्तकाल तक
जैसे दृश्य से जुड़ा होता है दृष्टि का इन्तज़ार
घर से निकली बेटी का माँ करती है जैसे
वैसी ही बेचैनी
जिसे वह सर्द रात में ओढ़ लेता है
और तपते दिन में झल लेता है

---

* जब नेरुदा को चीले से निष्कासित किया गया था और वह भूमध्यसागर के एक द्वीप में रह रहे थे, तब यह पोस्टमैन उनके साथ था। नेरुदा को क्विंटल-क्विंटल डाक आती थी। डाकख़ाना परेशान था। उसने ख़ासकर नेरुदा के लिए इस पोस्टमैन को नियुक्त किया। नेरुदा से अच्छी घनिष्ठता हो जाने के बाद वह भी कविताएँ लिखने लगा। एक दिन नेरुदा उस द्वीप से चले गए। पोस्टमैन उन्हें ख़त लिखता रहा, पर कभी जवाब न आया। काफ़ी समय बाद उसे चिट्ठी मिली, जो कि नेरुदा के सचिव ने लिखी थी। महाकवि उस द्वीप पर अपने घर में कुछ चीज़ें भूल आए थे और चाहते थे कि उनका दोस्त पोस्टमैन उन्हें वे चीज़ें भेज दे। पोस्टमैन उनके घर गया। उसे वहाँ एक टेपरिकॉर्डर भी मिला। उसमें उसने वे तमाम आवाज़ें दर्ज कीं, जो नेरुदा को पसंद थीं। चीज़ें भेजने से पहले ही पोस्टमैन ने नेरुदा के बारे में एक कविता लिखी। उसे माद्रिद से बुलावा आया, उस कविता को पढ़ने के लिए। सभा में वह मंच पर पहुँचकर कविता पढ़ता, इससे पहले भगदड़ मच गई और वह मारा गया। उसकी मौत के कुछ दिन बाद ही नेरुदा उस द्वीप पर लौटे, जहाँ उनके लिए सिर्फ़ दुख और पछतावा बचे थे। इस पर इतालवी में 'एल पोस्तिनो' शीर्षक फ़िल्म बनी थी। कहा जाता है, यह पूरी कथा काल्पनिक है।

क्या सोचा होगा महाकवि ने
जब पोस्टमैन ने की होगी ज़िद
कि लिख दें वह उसकी प्रेमिका के लिए एक कविता
जिसे वह कहेगा अपनी
कि आपके पास इतनी महिलाओं की चिट्ठी आती है
कि मेरा भी मन करता है कवि बन जाऊँ

नेरुदा के भीतर जागा होगा पिता
साँसों से दुलारा होगा उसे
और उँगली थमा ले गए होंगे समंदर तक
उसे बताया होगा कि सपनों को सपनों की तरह ख़ारिज मत करो
जंगल से मिलो तो हरी पत्ती बनकर
पानी से बन चीनी का दाना
लकड़ी से काग़ज़ और मनुष्य से संगीत बनकर

और जीवन में प्रवेश कर गए होंगे
उसके जीवन में एक सूना डाकख़ाना छोड़

वह कर रहा है इन्तज़ार जीवन के पार
हरियाली मिठास शब्द और सुर की अर्घ्य देता

वह क्या है जो इस कमरे में नहीं है
जिसके लिए ख़ाली है जगह
इस किताब में नहीं जो छोड़ दिया एक पन्ना सादा
इस कैसेट में जिसके एक ही तरफ़ आवाज़ है
इस शरीर में जिसके मध्य खाई-सी बन गई है
इस शख़्स में जो थकान के बाद भी भटकता है बिस्तर पर
भीतर कहीं टपकता है जल या आँख का नल

जिसके पास रोज़ गट्ठरों में पहुँचती हो चिट्ठी
वह क्यों नहीं देता उसकी चिट्ठी का जवाब

वह जागेगा तब तक सो चुकी होगी दुनिया
फिर वह अपनी अनिद्रा में कसमसाएगा

चाय हमेशा तभी क्यों उबलती है
जब आप किचन में नहीं होते
पंक्तियाँ तभी क्यों आती हैं
जब आपके पास क़लम नहीं होता
लोग तभी क्यों लौटकर आते हैं
जब आपका बदन नहीं होता

पोस्टमैन
तुम्हें नसीब हुआ निर्वासन के सबसे गुप्त द्वीप पर
दुनिया की सबसे ख़ूबसूरत उँगलियों का साथ
तुमने सहेजकर रखी उस चिड़िया की आवाज़
रिकॉर्डर में डाला लहरों का कलरव
उस धुन को जो कँपाती थी नेरुदा के होंठ
और सबसे अन्त में जो तुम्हारी आवाज़ थी
उसमें तुम्हारी उम्मीद को सुना जाना चाहिए

महाकवि जब मरे
तो उनके दिल में एक खाई बन गई थी
लोगों ने कहा
यह उनके देश में लोकतन्त्र की मृत्यु के कारण बनी
उनकी सबसे प्यारी चिड़िया के पंख नुँच जाने के कारण
दरअसल
एक अन्याय से हुआ था वहाँ विस्फोट
और उतना टुकड़ा प्रायश्चित कर रहा है
पृथ्वी की परिक्रमा करते हुए

इलाही! है आस या तलास

[केनी जी के सैक्सोफोन के लिए]

3

जिन्हें पकड़नी है पहली लोकल
वे घरों के भीतर खोज रहे बटुआ
जुराबे और तस्मे
बाक़ी अपनी नींद के सबसे गाढ़े अम्ल में

कोई है जो बाहर
प्रेमकथाओं की तरह नाज़ुक घंटी की आवाज़ पर
बुदबुदाए जा रहा है राम जय-जय राम
जैसे सड़क पर कोई मशक से छिड़क रहा हो पानी

जब बैठने की जगहें बदल गई हों
पियानो पर पड़ते हों क्रूर हाथ और धुनों का शोर खदेड़ दे
बाक़ी तमाम साज़िन्दों को
जिन पत्थरों पर दुलार से लिखा राम का नाम
उनसे फोड़ दूसरों के सिर
उन्मत्त हो जाएँ कपिगण
जब फूल सुँघाकर कर दिया जाए बेहोश
और प्रार्थनाएँ गाई जाएँ सप्तक पर
यह कौन है जो सबसे गहराई से निकलने वाले
'सा' पर टिका है

पौ फटने के पहले अन्धकार में
जब कंठ के स्वर और चप्पलों की आवाज़ भी
पवित्रता से भर जाते हैं
मकानों के बीच गलियों में
कौन ढूँढ़ रहा है राम को
जिसकी गुमशुदगी का कोई पोस्टर नहीं दीवार पर
अख़बार में विज्ञापन नहीं
टीवी पर कोई सूचना नहीं

कोई बेनाम-सा

[उस लड़के के लिए जिसकी पहली गेंद पर मैं बोल्ड हो जाता था]

4

कुछ चेहरे होते हैं जिनके नाम नहीं होते
कुछ नामों के चेहरे नहीं होते
जैसे दो अलग-अलग ट्रेनें पहुँचती हैं स्टेशन
दो दुनियाओं में होता है कोई एक ही समय

एक चेहरा और एक नाम उभर आते हैं
पूछते हुए पहचाना क्या

वह शख़्स आता है कुछ वैसी ही रफ तार से
गुज़रता है मेरे पार ठंडे इस्पात की तरह
फुसफुसाता है अपना नाम

क्या यही था उसका नाम
जो मुझे याद आ रहा है
क्या यही था उसका चेहरा
कहीं वैसा मामला तो नहीं कि
मतदाता पहचान-पत्र पर चेहरा और का
नाम किसी और का

मैं उसके नाम लिखूँ अपना दुलार
जिसका वह नाम ही न हो

उसके चेहरे को छुऊँ
और उसका चेहरा ही न हो वह

हम किसका नाम ओढ़कर जाते हैं लोगों की स्मृतियों में
कोई हमें किसके चेहरे से पहचानता है
गाली देना चाहता है तो क्या
हमें, हमारे ही नाम से याद करता है
जिस चेहरे को धिक्कारता है
वह हमारे चेहरे तक पहुँचती है सही-सलामत

मेरी याद रिहाइश है ऐसे बेशुमार की
जिनके नाम नहीं हैं चेहरे भी नहीं
परछाइयों की क़ीमत इसी वक़्त पता पड़ती है

सभ्यता के खड़ंजे पर

[बॉब डिलन के गीतों के लिए]

5

और उस आदमी को तो मैं बिलकुल नहीं जानता
जो सिर पर बड़ा-सा पग्गड़ हाथों में कड़ों की पूरी बटालियन
आठ उँगलियों में सोलह अँगूठी
गले में लोहे की बीस मालाएँ
और हथेली में फँसाए एक हथौड़ी
कभी भी कहीं भी नज़र आ जाता था

जिसे देख भय से भौंकते थे कुत्ते
लोगों के पास सुई नहीं होती थी
सिलने के लिए अपनी फटी हुई आँख
जो पागलपन के तमाम लक्षणों के बाद भी पागल नहीं था
जो मुस्कुराकर बच्चों के बीच बाँटता था बिस्कुट
बूढ़ी महिलाओं के हाथ से ले लेता था सामान
और घर तक पहुँचा देता था
और इस भलमनसाहत के बावजूद उनमें एक डर छोड़ आता था

वह कितना भला था
इसके ज़्यादा क़िस्से नहीं मिलते
वह कितना बुरा था
इसका कोई क़िस्सा नहीं मिलता
जबकि वह हर सड़क पर मिल जाता था

वह कौन-सा ग्रह था
जो उसकी ओर पीठ लिये लटका था अनन्त में
जिसे मनाने के लिए किया उसने इतना सिंगार
कौन-सी दीवार में गाड़ना चाहता था कील
समय के किस हिस्से की करनी थी मरम्मत
किन दरवाज़ों को तोड़ डालना था
जो हर वक़्त हाथ में हथौड़ी थामे चलता था

जिसके घर का किसी को नहीं था पता
परिवार नाते-रिश्तेदार का
जिसकी लाश आठ घंटे तक पड़ी रही चौक पर
रात उसी हथौड़ी से फोड़ा गया उसका सिर
जो हर वक़्त रहती थी उसके हाथ में

जो अपनी ही ख़ामोशी से उठता है हर बार
कपड़े झाड़कर फिर चल देता है
उसके तलवों में चुभता है इतिहास का काँटा
उसके ख़ून में दिखती है खो चुकी एक नदी
उसकी आँखों में आया है
अपनी मर्ज़ी से आने वाली बारिश का पानी
उसके कन्धे पर लदा है कभी न दिखने वाला बोझ
उसके लोहे में पिटे होने का आकार
उसके पग्गड़ के नीचे है क्या सोचने वाला दिमाग़
वह कब से चल रहा है
चलता ही जा रहा है
सभ्यता के इस खड़ंजे पर
उसे करना होगा कितना लम्बा सफ़र
यह जताने के लिए कि वह मनुष्य ही है

बोलते जाओ

[उस आदमी के लिए जो अपनी क़ब्र में ज़िन्दा है]

6

तुम्हें विधायक का सम्मान करना था
जिसके लिए ज़रूरी था झुकना
तुम्हें हाथ पीछे बाँध लेने थे
और बताना था
इज़्ज़तदार हँसी उतनी ही खुलती है
जितने में खुल न जाए इज़्ज़त का नाड़ा

जब रात के तीसरे पहर खटका होगा तुम्हारा दरवाज़ा
तब भी तुम्हारे मन में खटका नहीं हुआ होगा
ये चार मुश्टंडे तभी निकलते थे बँगले के बाहर
जब काम सफ़ारी सूट वालों के हाथ से निकल जाता था

बताओ मुझे मैं सुन रहा हूँ
यह तुम्हारी पीठ का दर्द था
या कमर की अकड़
जो तुम्हें झुकने में इतनी दिक़्क़त होती थी
सुन रहा हूँ तुम्हें जो तुम कह रहे हो—

क्या आपको नहीं लगता
हाथों को कुछ और लम्बा होना चाहिए था
इनके छोटे होने के कारण
झुकना पड़ता है हर बार

पूँछ को ग़ायब नहीं होना था
जब उसके हिलने का वक़्त होता है
फुरफुरी-सी होने लगती है उसकी जगह पर

कितना नाराज़ हुआ था विधायक
विधायक हमेशा नाराज़ क्यों रहता है हमसे

वह तुमसे माँग रहा था ज़मीन
जबकि तुम कुछ पूछना चाहते थे
तुमने कहा—
जब मेरी लम्बाई सवा फ़ीट थी
तो साढ़े छह वर्ग फ़ीट ज़मीन थी मेरे लिए
मैं पाँच फुट छह इंच का हूँ आज
और ज़मीन सिकुड़कर तीन फ़ीट बची है

तुम क्यों नहीं रोए एक बार भी
जबकि तुम्हारे भीतर रो रही थी तीन फ़ीट ज़मीन
या हो सकता है रोए होगे तुम अपने ही भीतर
जैसे रोया करती है ज़मीन

तुम क़दम-क़दम पर खीजते थे
चाहते थे कि तुम्हारे घर तक आए पानी
सूखा न रहे बाथरूम का नल
सिर्फ़ जन्मदिन पर ख़रीदनी पड़े मोमबत्ती
ढाई सौ लीटर की टंकी में आए ढाई सौ लीटर पानी
पर टंकी बनाने में खो ही जाते हैं बीस-पच्चीस लीटर
अक्सर नहीं आता पानी
गुल रहती है बिजली

क्यों कहा, वहाँ अभी तक एक पुल का काम चल रहा है
और मशीनों के अग़ल-बग़ल से
लोग निकाल लेते हैं गाड़ियाँ

वहाँ पचासों इमारतें बन रही हैं
जिनमें लोन देने से मना कर देगी एलआइसी
वहाँ कितनी सड़कों पर गड्ढे हैं
ये सब कितनी बड़ी चिंताएँ हैं
बजाए चिंतित होना कि
कोई रिसॉर्ट नहीं इस शहर में ढंग का

विधायक कितना हुआ नाराज़
वह हमेशा नाराज़ क्यों रहता है हमसे

तुम चिंता मत करो
मैं सुन रहा हूँ
वह तुम्हारी ज़मीन ख़रीदना चाहता था
तुम पर क़ब्ज़ा करना चाहता था
बोलते जाओ
मैं सुन रहा हूँ
तुम्हारी आवाज़ आ रही है उस ज़मीन के नीचे से
जहाँ तुम भटक रहे हो
और बार-बार कह रहे हो
मुझे अपनी ज़मीन नहीं देनी

मदर इंडिया

[उन दो औरतों के लिए जिन्होंने कुछ दिनों तक शहर को डुबो दिया था]

7

दरवाज़ा खोलते ही झुलस जाएँ आप शर्म की गर्मास से
खड़े-खड़े ही गड़ जाएँ महीतल, उससे भी नीचे रसातल तक
फोड़ लें अपनी आँखें निकाल फेंके उस नालायक़ दृष्टि को
जो बेहयाई के नक्की अंधकार में उलझ-उलझ जाती है
या चुपचाप भीतर से ले आई जाए
कबाट के किसी कोने में फँसी इसी दिन का इन्तज़ार करती
किसी पुरानी साबुत साड़ी को जिसे भाभी बहन माँ या पत्नी ने
पहनने से नकार दिया हो
और उन्हें दी जाएँ जो खड़ी हैं दरवाज़े पर
मांस का वीभत्स लोथड़ा सालिम बिना किसी वस्त्र के
अपनी निर्लज्जता में सकुचाईं
जिन्हें भाभी माँ पत्नी या बहन मानने से नकार दिया गया हो

कौन हैं ये दो औरतें जो बग़ल में कोई पोटली दबा बहुधा निर्वस्त्र
भटकती हैं शहर की सड़क पर बाहोश
मुरदार मन से खींचती हैं हमारे समय का चीर
और पूरी जमात को शर्म की आँजुर में डुबो देती हैं
ये चलती हैं सड़क पर तो वे लड़के क्यों नहीं बजाते सीटी
जिनके लिए अभिनेत्रियों का यौवन गदराया है
महिलाएँ क्यों ज़मीन फोड़ने लगती हैं
लगातार गालियाँ देते दुकानदार काउंटर के नीचे झुक कुछ ढूँढ़ने लगते हैं

और वह कौन होता है जो कलेजा ग़र्क़ कर देने वाले इस दलदल पर चल
फिर उन्हें ओढ़ा आता है कोई चादर परदा या दुपट्टे का टुकड़ा

ये पूरी तरह खुली हैं खुलेपन का स्वागत करते इस वक़्त में
ये उम्र में इतनी कम भी नहीं, इतनी ज़्यादा भी नहीं
ये कौन-सी महिलाएँ हैं जिनके लिए गहना नहीं हया
ये हम कैसे दोगले हैं जो नहीं जुटा पाए इनके लिए तीन गज़ कपड़ा

ये पहनने को माँगती हैं पहना दो तो उतार देती हैं
कैसा मूडी क़िस्म का है इनका मेटाफ़िज़िक्स
इन्हें कोई वास्ता नहीं कपड़ों से
फिर क्यों अचानक किसी के दरवाज़े को कर देतीं पानी-पानी

ये कहाँ खोल आती हैं अपनी अंगिया-चनिया
इन्हें कम पड़ता है जो मिलता है
जो मिलता है कम क्यों होता है
लाज का व्यवसाय है मन मैल का मन्दिर
इन्हें सड़क पर चलने से रोक दिया जाए?
नेहरू चौक पर खड़ा कर दाग़ दिया जाए?
पुलिस में दे दें या चकले में पर शहर की सड़क को साफ़ किया जाए?

ये स्त्रियाँ हैं हमारे अन्दर की जिनके लिए जगह नहीं बची अन्दर
ये इम्तिहान हैं हममें बची हुई शर्म का
ये मदर इंडिया हैं सही नाप लेने वाले दर्ज़ी की तलाश में
कौन हैं ये
पता किया जाए

काग़ज़

चारों तरफ़ बिखरे हैं काग़ज़
एक काग़ज़ पर है किसी ज़माने का गीत
एक पर घोड़ा, थोड़ी हरी घास
एक पर प्रेम
एक काग़ज़ पर नामकरण का न्यौता था
एक पर शोक
एक पर बड़े-बड़े अक्षरों में लिखा था क़त्ल
एक ऐसी हालत में था कि
उस पर लिखा पढ़ा नहीं जा सकता
एक पर फ़ोन नम्बर लिखे थे
पर उनके नाम नहीं थे
एक ठसाठस भरा था शब्दों से
एक पर पोंकती हुई क़लम के धब्बे थे
एक पर उँगलियों की मैल
एक ने अब भी अपनी तहों में समोसे की गन्ध दाब रखी थी
एक को तहकर किसी ने हवाई जहाज़ बनाया था
एक नाव बनने के इन्तज़ार में था
एक अपने पीलेपन से मूल्यवान था
एक अपनी सफ़ेदी से
एक को हरा पत्ता कहा जाता था
एक काग़ज़ बार-बार उठकर आता
चाहते हुए कि उसके हाशिए पर कुछ लिखा जाए
एक काग़ज़ कल आएगा
और इन सबके बीच रहने लगेगा

काग़ज़ का विज्ञान

काग़ज़ का भी अलग विज्ञान है
पड़े-पड़े पीला पड़ जाता है
साल-भर पुराना
सदियों पुराना लगता है
कुछ चीज़ें पड़े-पड़े काली हो जाती हैं
कुछ मटमैली

कुछ सवाल हैं, रूढ़ियाँ, गूढ़ताएँ
इनके रंग पर कोई असर नहीं पड़ता

असंबद्ध

कितनी ही पीड़ाएँ हैं
जिनके लिए कोई ध्वनि नहीं
ऐसी भी होती है स्थिरता
जो हूबहू किसी दृश्य में बँधती नहीं

ओस से निकलती है सुबह
मन को गीला करने की ज़िम्मेदारी उस पर है
शाम झाँकती है बारिश से
बचे-खुचे को भिगो जाती है

धूप धीरे-धीरे जमा होती है
क़मीज़ और पीठ के बीच की जगह में
रह-रहकर झुलसाती है

माथा चूमना
किसी की आत्मा चूमने जैसा है
कौन देख पाता है
आत्मा के गालों को सुर्ख़ होते

दुख के लिए हमेशा तर्क तलाशना
एक ख़राब क़िस्म की कठोरता है

जिसके पीछे पड़े कुत्ते

उसके बाल बिखरे हुए थे, दाढ़ी झूल रही थी
कपड़े गन्दे थे, हाथ में थैली थी...
उसके रूप का वर्णन कई बार
कहानियों, कविताओं, लेखों, ऑफ़बीट ख़बरों में हो चुका है
जिनके आधार पर
वह दीन-हीन क़िस्म का पगलेट लग रहा था
और लटपट-लटपट चल रहा था
और शायद काम के बाद घर लौट रहा था
जिस सड़क पर वह चल रहा था
उस पर और भी लोग थे
रफ़्तार की क्रान्ति करते स्कूटर, बाइक्स
और तेज़ संगीत बाहर फेंकती कारें थीं
सामने रोशनी से भीगा संचार क्रान्ति का शो-रूम था
बग़ल में सूचना क्रान्ति करता नीमअँधेरे में डूबा अख़बार भवन
बावजूद उस सड़क पर कोई क्रान्ति नहीं थी
गड्ढे थे, कीचड़ था, गिट्टियाँ और रेत थीं
इतना सब कुछ पर किसी का ध्यान
उस पर नहीं था सिवाय वहाँ के कुत्तों के

वे उस पर क्यों भौंके
क्यों उस पर देर तक भौंकते रहे
क्यों देर तक भौंककर उसे आगे तक खदेड़ आए
क्यों उसकी लटपट चाल की रफ़्तार को बढ़ा दिया उन्होंने
क्यों चुपचाप अपने रास्ते जा रहे एक आदमी को झल्ला दिया
जिसमें सन्तों जैसी निर्बलता, ग़रीबों जैसी निरीहता

ईश्वर जैसी निस्पृहता और शराबियों जैसी लोच थी
किसी का नुकसान करने की क्षमता रखने वालों का
एकादश बनाया जाए तो जिसे
सब्स्टीट्यूट जैसा भी न रखना चाहे कोई
ऐसे उस बेकार के आदमी पर क्यों भौंके कुत्ते

कुत्तों का भौंकना बहुत साधारण घटना है
वे किसी भी समय भौंक सकते हैं
जो घरों में बँधे होते हैं दो वक़्त का खाना पाते हैं
और जिन्हें सुबह-शाम बाक़ायदा पॉटी कराने के लिए
सड़क या पार्क में घुमाया जाता है
भौंककर वफ़ादारी जताने की उनकी बेशुमार गाथाएँ हैं
लेकिन जिनका कोई मालिक नहीं होता
जो पलते ही हैं सड़क पर
वे कुत्ते आख़िर क्या ज़ाहिर करने के लिए भौंकते हैं
ये उनकी मौज है या
अपनी धुन में जा रहे किसी की धुन से उन्हें रश्क है
वे कोई पुराना बदला चुकाना चाहते हैं या
टपोरियों की तरह सिर्फ़ बोंबाबोंब करते हैं

ये माना मैंने कि
एक आदमी अच्छे कपड़े नहीं पहन सकता
वह अपने बदन को सजाकर नहीं रख सकता
कि उसका हवास उससे बारहा दग़ा करता है
लेकिन यह ऐसा तो कोई दोष नहीं
प्यारे कुत्तो
कि तुम उनके पीछे पड़ जाओ
और भौंकते-भौंकते अन्तरिक्ष तक खदेड़ आओ
आख़िर कौन देता है तुम्हें यह इल्म
कि किस पर भौंका जाए और
किससे राजा बेटा की तरह शेक हैंड किया जाए
जो अपने हुलिए से इस दुनिया की सुन्दरता को नहीं बढ़ा पाते

ऐसों से किस जन्म का बैर है भाई
यह भौंकने की भूख है या तिरस्कार की प्यास
या यह ख़ौफ़ कि सड़क का कोई आदमी
तुम्हारी सड़क से अपना हिस्सा न लूट ले जाए

जिसके पीछे पड़े कुत्ते
उसे तो क़ौम ने पहले ही बाहर का रास्ता दिखा दिया था
उसे दो फर्लांग और छोड़ आना किसकी सुरक्षा है
उसके हाथ में थैली थी
जिसमें घरवालों के लिए लिया होगा सामान
वह सोच रहा होगा अगले दिन की मज़दूरी के बारे में
किसी खामख़्याली में उससे पड़ गया होगा एक क़दम ग़लत
और तुम सब टूट पड़े उस पर बेतहाशा
जिस पर व्यस्त सड़क का कोई आदमी ध्यान नहीं देता
फिर भी हमारे वक़्त के नियन्ताओं के निशाने पर
रहता है जो हर वक़्त
कुत्तो, तुम भी उस पर ध्यान देते हो इतना
कि वह उसे निपट शर्मिन्दगी से भिड़ा दे

और यह अहसास ही अपने आप में कर देता है कितना निराश
कि जिसके पीछे पड़ते हैं कुत्ते
वह उसी लायक़ होता है

राख-इराक़

बहुत सारे हथियारों के साथ
वे दनदनाते हुए घुसेंगे आपके घर में
और कहेंगे कि सारे हथियार निकाल फेंको
उन पर सिर्फ़ हमारा हक़ है
वे आपको रास्ते में रोक लेंगे और
नाक पर पिस्तौल सटाकर कहेंगे
जेब में जितने भी हों पैसे
हमें दे दो
पैसों पर सिर्फ़ हमारा हक़ है
वे आधी रात को फ़रमान जारी कर कहेंगे
अपनी औरतों को भेज दो हमारे तम्बुओं में
ख़ूबसूरत औरतों पर सिर्फ़ हमारा हक़ है

वे मासूम बच्चों की आँखों में गोली मारेंगे
बिना यह ज़ाहिर किए कि उन आँखों से उन्हें डर लगता है
वे बुज़ुर्गों की ज़बानों पर छुरी चलाएँगे
और दूर खड़े होकर उन्हें खिजाएँगे
वे पीठ से बाँध देंगे आपके हाथ
किसी महिला की चड्ढी से ढाँप देंगे आपका मुँह
और कहेंगे कि ढूँढ़ लीजिए वह राह
जिस पर चलना है आपकी सरकार को

आपके गले में पट्टा बाँधकर कहेंगे
सिर्फ़ हाँफो ज़ुबान निकाल कर

कराहने, रोने या चीख़ने की हिम्मत न करना
हमें तफ़रीह का मन है

और एक दिन जब उनका मन भर जाएगा
वे आपकी कनपटी पर लगाएँगे बन्दूक़
और दुख के साथ कहेंगे
हमें माफ़ कर दो
वरना हम तुम्हें गोली मार देंगे

डेटलाइन पानीपत

वाटरलू पर लिखी गई हैं कई कविताएँ
पानीपत पर भी लिखी गई होंगी
कार्ल सैंडबर्ग ने तो एक कविता में
घास से ढाँप दिया था युद्ध का मैदान
यहाँ घास नहीं है, यक़ीनन कार्ल सैंडबर्ग भी नहीं

किसी न किसी को तो दुख होगा इस बात पर
कुछ युद्ध याद रखे जाते हैं लम्बे समय तक
कई उत्सव भुला दिए जाते हैं अगली सुबह
मुझे पता नहीं
पुरातत्त्ववेत्ताओं को इसमें कोई रुचि होगी
कि खोदा जाए यहाँ का कोई टीला
किसी कंकाल को ढूँढ़ा जाए और पूछा जाए जबरन
तुम्हारे ज़माने में घी कितने पैसे किलो था
कितने में मिल जाती थी एक तेज़धार तलवार

कुछ लड़ाइयाँ दिखती नहीं
कुछ लोग होते हैं आसपास पर दिखते नहीं
कुछ हथियारों में होती ही नहीं धार
कुछ लोग शक्ल से ही बेहद दब्बू नज़र आते हैं
जो लोग मार रहे थे उन्हें नहीं दिखते थे मरने वाले
हुक्म की पट्टियाँ थीं चारों ओर निगल जाती हैं रोशनी को

युद्ध के लिए अब ज़रूरी नहीं रहे मैदान
गली, नुक्कड़ और मुहल्लों का विस्तार हो गया है

कोई अचरज नहीं
बिल्डिंग के नीचे लोग घूम रहे हों लेकर हथियार
कोई अचरज नहीं
दरवाज़ा तोड़कर घर में घुस आएँ लोग

कुछ लोग हैं जो जिए जाते हैं
उन्हें नहीं पता होता जिए जाने का मतलब
कुछ लोग हैं जो बिलकुल नहीं जानते
एक इंसान के लिए मौत का मतलब

घास नहीं ढाँप सकती इस मैदान को
घास भी जानती है
हरियाली पानी से आती है, ख़ून से नहीं

युद्ध का मैदान अब पर्यटनस्थल है
कुछ लोग घर से बनाकर लाते हैं खाना
यहाँ अख़बारों पर रख खाते हैं
एक-दूसरे के पीछे दौड़ते हैं बॉल को ठोकर मारते
अन्ताक्षरी गाते-गाते हँसने लगते हैं

कोई चीख़ किसी को सुनाई नहीं देती

बच्चे यहाँ झूला झूल रहे हैं
वे देख लेंगे ज़मीन के नीचे झुककर एक बार
दहशत से बीमार पड़ जाएँगे

आलू खाने वाले

[वान गॉग के लिए]

एक सौ दस साल पहले जो लोग खा रहे थे आलू
वे अब भी आलू खा रहे हैं
अभी-अभी भट्ठी या उपलों की सुस्त आग से निकले
राख लगे आलुओं का रंग है यह
धूसर जैसे एक तूफ़ान के बाद दाँतों पर जमी परत
दिन-भर की थकान के बाद मिला एक अवकाश है
जहाँ-तहाँ पीली पत्तियों पर चरड़-चरड़ भटक आने का
ढूँढ़ा जाए उस नदी को जो बिलकुल पास से बहती थी
जिसके पानी में तब भी भुने हुए आलू का रंग नहीं घुल पाया था
यह झुकी हुई किसान औरत कुछ बो रही है
शाम यह बैठेगी नीमरोशनी में जो
एक लटकते हुए लट्टू का दान है
आलू की गर्मास साफ़ दिखती है जो धीरे-धीरे ऊपर उठती है
इस नीमरोशनी में

एक पुरुष झुके हुए सिर वाली एक स्त्री की तरफ़
आहिस्ता-से बढ़ा रहा है आलू
बस यहीं अटक गई गति और समय ने खो दी आवाज़
उस स्त्री ने अभी तक उस आलू को स्वीकार नहीं किया
यह वान गॉग है जो एक हाथ में आलू और एक में ब्रश लेकर
पीठ पर कैनवास और ईज़ल, कन्धों पर रंगों का बस्ता लटकाए
कटे हुए कान और छाती में बनी सुरंग के साथ
दूर जा रहा है
उसकी स्त्रियों ने अभी तक स्वीकार नहीं किया उसका आलू

वे नहीं बो पाई हैं उन बीजों को
जिनकी लघुता का एक ख़ूबसूरत पोर्ट्रेट बनाना चाहता था वह
जिनके लिए शिद्दत से बनाया उसने
पीले रंग में डूबा एक बेडरूम
जहाँ खिड़की के पास टेबल पर चाय की केतली
दवा की बोतलें और एक गिलास पड़े हैं
डर और झल्लाहट के तमाम क़िस्सों के साथ
मैं देख सकता हूँ वहाँ भटकती
बौराई आत्माओं और लम्पट तनहाई को

ढूँढ़ा जाए तो उस कर्मचारी को
पागलख़ाने से बाहर निकल जिसकी निगरानी में
बनाए थे उसने पचासों चित्र
जब उसने साइप्रस के पेड़ों को हरी लपटों के रूप में देखा था
बादलों के हुल्लड़ और अनन्त में सितारों की उमड़-घुमड़ को
ख़ालीपन से
तो क्या उसे दौरे आए थे
और महसूस हुआ था कि लौटकर खाया जाए आलू
जो उससे ताउम्र छीना गया बेसाख़्ता
सब कुछ दे देने वाली उदारता के कारण रहा वह हफ़्तों भूखा
और पगलाहट में उसने दी थीं कुछ अलौकिक गालियाँ
जिनमें से कई उनके नाम भी थीं
जो आलू खाकर परास्त धुनों पर सो जाते थे

इतना तो नहीं

मैं इतना तो नहीं चला कि
मेरे जूते फट जाएँ

मैं चला सिद्धार्थ के शहर से हर्ष के गाँव तक
मैं चन्द्रगुप्त अशोक खुसरो और रज़िया से ही मिल पाया
मेरे जूतों के निशान
डि'गामा के गोवा और हेमू के पानीपत में हैं
अभी कितनी जगह जाना था मुझे
अभी कितनों से मिलना था
इतना तो नहीं चला कि
मेरे जूते फट जाएँ

मैंने जो नोट दिये थे, वे करकराते कड़क थे
जो जूते तुमने दिये, उनने मुँह खोल दिया इतनी जल्दी
दुकानदार!
यह कैसी दग़ाबाज़ी है

मैं इस सड़क पर पैदल हूँ और
ख़ुद को अकेला पाता हूँ
अभी तल्लों से अलग हो जाएगा जूते का धड़
और जो मिलेंगे मुझसे
उनसे क्या कहूँगा
कि मैं ऐसी सदी में हूँ
जहाँ दाम चुकाकर भी असल नहीं मिलता
जहाँ तुम्हारे युगों के मुक़ाबले आसान है व्यापार

जहाँ यूनान का पसीना टपकता है मगध में
और पलक झपकते सोना बन जाता है
जहाँ गालों पर ढोकर लाते हैं हम वेनिस का पानी
उस सदी में ऐसा जूता नहीं
जो इक्कीस दिन भी टिक सके पैरों में साबुत
कि अब साफ़ दिखाने वाले चश्मे बनते हैं
फिर भी कितना मुश्किल है
किसी की आँखों का जल देखना
और छल देखना
कि दिल में छिपा है क्या-क्या यह बता दे
ऐसा कोई उपकरण अब तक नहीं बन पाया

इस सदी में कम से कम मिल गए जूते
अगली सदी में ऐसा होगा कि
दुकानदार दाम भी ले ले
और जूते भी न दे?

फट गए जूतों के साथ एक आदमी
बीच सड़क पैदल
कैसे गीली रुई बन जाता है

कोई मुझसे न पूछे
मैं चलते-चलते ठिठक क्यों गया हूँ

इस लम्बी सड़क पर
क़दम-क़दम पर छलका है ख़ून
जिसे किसी जड़ में नहीं डाला जा सकता
जिससे खाद भी नहीं बना सकते केंचुए
यहाँ कहाँ मिलेगा कोई मोची
जो चार कीलें ही मार दे

कपड़े जो मैंने पहने हैं
ये मेरी आत्मा को नहीं ढँक सकते
चमक जो मेरी आँखों में है
उस रोशनी से है जो मेरे भीतर नहीं पहुँचती
पसीना जो बाहर निकला है
वह आत्मा का आँसू है
जूते जो पहने हैं मैंने
असल में वह व्यापार है

अभी अकबर से मिलना था मुझे
और कहना था
कोई रोग हो तो अपने ही ज़माने के हकीम को दिखाना
इस सदी में मत आना
यहाँ खड़िए का चूरन खिला देते हैं चमकती पुर्जी में लपेट

मुझे सैकड़ों साल पुराने एक सम्राट और एक भिश्ती से मिलने जाना है
जिसके बारे में बच्चे पढ़ेंगे स्कूलों में
मैं अपनी सदी का राजदूत
कैसे बैठूँगा उसके दरबार में
कैसे बताऊँगा ठगी की इस सदी के बारे में
जहाँ वह भेस बदलकर आएगा फिर पछताएगा
मैं कैसे कहूँगा रास्ते में मिलने वाले इतिहास से
कि अगली सदियों में सँभलकर जाना
आगे बुहत बड़े ठग खड़े हैं
तुम्हें उल्टा लटका देंगे तुम्हारे ही रोपे किसी पेड़ पर

मैं मसीहा नहीं जो नंगे पैर चल लूँ
इन पथरीली सड़कों पर
मैं एक मामूली, बहुत मामूली इनसान हूँ
इनसानियत के हक़ में ख़ामोश
मैं एक सज़ायाफ़्ता हूँ
अबोध होने का दोषी

चौबीसों घंटे फाँसी के तख़्त पर खड़ा
एक वस्तु हूँ
एक खोई हुई चीख़
मजमे में बदल गया एक रुदन हूँ
मेरे फटे जूतों पर न हँसा जाए
मैं दोनों हाथ ऊपर उठाता हूँ
इसे प्रार्थना भले समझ लें
बिलकुल
समर्पण का संकेत नहीं

नश्तर

[मराठी कवि स्व. भुजंग मेश्राम के लिए]

पीड़ाओं का विकेंद्रीकरण हो रहा है और दुख का निजीकरण
दर्द सीने में होता है तो महसूस होता है दिमाग़ में
दिमाग़ से उतरता है तो सनसनाने लगता है शरीर
प्रेम के मक़बरे जो बनाए गए हैं वहाँ बैठ प्रेम की इजाज़त नहीं
पुरातत्त्वविदों का हुनर वहाँ बौखलाया है
रेडियोकार्बन व्यस्त हैं उम्रों की शुमारी में
सभ्यताओं ने इतिहास को काँख में चाँप रखा है
आने वाले दिनों के भले-बुरेपन पर बहस तो है ही
मरे हुए दिनों की शक्लोसूरत पर भी दंगल
तीन हज़ार साल पहले की घटना तय करेगी
कौन मजबूर है कौन ग़ाफ़िल
किसने युद्ध लड़ा आकाश में कौन मरा मुंबै में
बरसों चुभला किसने मुँह से निकाले कुछ लफ़्ज़
एक साथ एक अरब लोगों की रुलाहट बाद उसके
कानों पर वह कौन-सी जूँ है जिसे बेड़ियाँ बँधीं
किन किसानों ने कीं ख़ुदकशियाँ
वीटी की ऊँची इमारत ने किया
लोगों को रातोंरात ख़ुशहाल
कितने कंगाल हुए सनक गए
हरे पेड़ों की तरह जला दिए गए लोग
जबरन माथे पर खोदे गए कुछ चिह्न
तुलसी के पौधों पर लटके बेरहम साँपों की फुफकार
लाचार घासों को डसने का शग़ल

इस तरफ़ कुछ लोग आए हैं
जो बड़े प्रतीकों-बिम्बों में बात करते हैं
इसकी मजबूरी और मतलब
मालूम नहीं पड़ता
बताओ, दिल पर नहीं चलेंगे नश्तर तो कहाँ चलेंगे?

सुब्हान अल्लाह

रात में हम ढेर सारे सपने देखते हैं
सुबह उठकर हाथ-मुँह धोने से पहले ही भूल जाते हैं
हमारे सपनों का क्या हुआ यह बात हमें ज़्यादा परेशान नहीं करती
हम कहने लगे हैं कि हमें अब सपने नहीं आते
हमारी ग़फ़लत की अब उम्र होती जा रही है
हम धीमी गति से सड़क पार करते बूढ़े को देखते हैं
हम जितनी बार दुख प्रकट करते हैं
हमारे भीतर का बुद्ध दग़ाबाज़ होता जाता है
मद्धिम तरीक़े से सुनते हैं नवब्याही महिला सहकर्मी से ठिठोली
जब पता चलता है
शादी के बाद वह रिश्वत लेने लगी है
हमारे भीतर एक मूर्ति के चटख़ने की दास्तान चलती है
वे कौन-सी चीज़ें हैं, जिनने हमें नज़रबंद कर लिया है

हम झुटपुटे में रहते हैं और अचरज करते हैं
धूप और छाँव में कैसा गठजोड़ है

हमारे खँडहरों की मेहराबों पर आ-आ बैठती है भुखमरी
हमारे तहख़ानों से बाहर नहीं निकल पाती छटपटाहट
पानी से भरी बोतल में जड़ें फैलाता मनीप्लांट है हमारी उम्मीद
हम सबके पैदा होने का तरीक़ा एक है
हम सब अद्वितीय तरीक़ों से मारे जाएँगे, तय है
कौन-सी इंटीग्रेटेड चिप है जो छिटक गई है दिमाग़ से
क्या हमारे जोड़ों को ग्रीज़ की ज़रूरत है?

अपनी उदासी मिटाने के लिए हममें से कई के शहरों में
होता है कोई पुराना बेनूर मन्दिर, नदी का तट
समुद्र का फेनिल किनारा या पार्क की निस्तब्ध बेंच
या घर में ही उदासी से डूबा कोई कमरा होता है अलग-थलग
जिसकी बत्तियाँ बुझा धीरे-धीरे जुदा होते हैं जिस्म से

पलक झपकते दुनिया के किसी भी
हिस्से में साध सकते सम्पर्क
तुर्रा यह कि इससे विकराल असंवाद पहले कभी नहीं रहा

कुछ लोगों को शौक़ है
बार-बार इतिहास में जाने का
दूध और दही की नदियों को खौलाने का
उन्हें नहीं पता दूध के भाव अब क्या हो रहे हैं
वे हमारी पशुता पर खीजते हैं
उन्हें बता दूँ ये बेबसी
हमारे लिए सिर्फ़ गोलियाँ बनी हैं
बन्दूक़ की
दवाओं की

फिर भी वह कौन-सी ख़ुशी है जो हमारे भीतर है अभी भी
कि हर शाम मुस्कुराते हैं
बच्चों को खिलाते हैं दरवाज़ा बन्द कर सो जाते हैं

कुछ आड़ी-तिरछी लकीरों और मुर्दुस रंगों वाले
मॉडर्न आर्ट सरीखे अबूझ चेहरों पर नाचता है मसान का दुख
चिता के पास बैठी दुखी पिशाचिनी की सिसकियाँ हैं बस
जिन्हें हम सुन नहीं पाते डर जाते हैं सो अलग
प्रार्थनाघर की दीवारों से टकराकर लौटी
घंटियों की अनुगूँज की तरह धीरे-धीरे बहरे होते जाते हैं

गश्त

वे लोग जो सीना ठोंक कर कहते हैं
भ्रष्ट होना कोई अपराध नहीं
और ज़रूरी है जीवन को अपनी तरह से जीने के लिए
तनख़्वाह से थोड़ा ज़्यादा पैसे कमा लेना
ख़ुश होना इस बात पर कि दे दिए छोट-मोटे ग़च्चे
मैंने देखा है अर्थों को तवायफ़ होते हुए
दुमों को रक़्क़ासा
मुझे लगता है हज़ारों सलीब तैयार खड़े हैं मेरे लिए
मैं उन लोगों से पूछना चाहता हूँ
वे इतना खुश क्यों हैं

नए-नए मुहावरे जो मिलते हैं मुझे नाके दर नाके
उनके मतलब ढूँढ़ूँ भी तो आख़िर किस शब्दकोश में
ये जो लोग चल रहे हैं बेतहाशा सड़क पर
इन्हें पता है इस घड़ी में बैटरी किसने डाली है
कौन झूल रहे हैं इसकी सुइयों से बेसाख़्ता
कौन है जो तय करता है कितना बजा है इस वक़्त
मैं जानना चाहता हूँ क्रूरता का यह आदेश दिया किसने
और क्या ज़रूरी है आए हुए हर आदेश पर अमल करना

कई लोगों को अपनी उम्र में रस्सियाँ ही रस्सियाँ मिलती हैं
कुछ लोग लोहे में धार लगाते हैं और लकड़हारे का इल्म पाते हैं
कई ऐसे हैं जिनके पास हथियार होते ही नहीं
और वे आदिवासी कहलाने की ज़िल्लत से बच जाते हैं
मेरे शहर में एक पागल लड़की है

जो राह चलते लोगों को मार देती है थप्पड़
मैंने कई बार सोचा था इसका विश्लेषण करना
जो निरर्थक है वह लौट-लौट क्यों आता है इतना

कुछ लोग हैं जो ट्रकों के पीछे लिखाकर घूमते
हैं महानता के उद्घोष
हद है वे हक़ीक़त जानते हैं फिर भी हँस लेते हैं
मैं एक-एक पंक्ति पढ़ता हूँ
अपने आप में दुखी होता हुआ चुप हो जाता हूँ
वे समझते हैं मुझे बीवी की याद आ गई होगी

अफ़सोस

कल दिन ढला तो अँधेरे को स्वीकृति मिल गई
सड़क पर खून की कुछ बूँदें गिरीं और
खोजी कुत्तों को सूँघने का नया काम मिल गया
सरकती हुई आस्तीनों से अजीब-सा निकला कुछ
देर रात सड़क पर चहलक़दमी करने लगा
मेरे दरवाज़े पर दस्तक हुई मैंने एक राक्षस की अगुआनी की
उसे ले गया अपने रसोईघर तक और
सुनाई उन रोशनियों की कहानी
जिनसे वह घबराता था और भागता फिरता था

यहाँ तक आने का नहीं था मन में कोई ख़याल
कहाँ जाना है इसका पता नहीं था
लोग कहते हैं बदलने में वक़्त नहीं लगता
मैं पूछता हूँ जिसका बदलना सबसे ज़रूरी है
वह बदल क्यों नहीं जाता

वे दिन नहीं रहे जब चाँद को चाँद
और सूरज को सूरज कहा जा सकता था
अब मुँह पर उँगली रखनी है
और मानना है गोली मारो के आदेश को

हमारे हाथ में नहीं कि हम चुनें अपने साथ की चीज़ें
दफ़्तर में अच्छा बॉस चुनना
चुनना साँस के लिए साफ़ हवा को

उस आदमी को चुनना हमारे हाथ में नहीं
जिसकी जीत का सीधा प्रसारण देखेंगे हम

एक भला आदमी सुबक रहा होता है
और मैं पाता हूँ
मैं अपना रूमाल घर भूल आया आज

पिथौरागढ़-दिल्ली डाइरेक्ट बस

जब पिथौरागढ़ से चली बस तो भाई ने बड़े सहेजकर बिठाया था उन दोनों को
दो सीटों की जगह पर सामान थोड़ा ऊपर रैक में एक
सूटकेस गैलरी में सीट के पास
कंडक्टर ने कहा था भाई से फ़िकर मत कीजिए ये आपकी बहनें हैं तो मेरी भी हैं
फिर कहा था भाई ने कंडक्टर अच्छा आदमी है और सफ़र रात-भर है
तकलीफ़ हो तो कहना उससे और चलती बस की खिड़की से
सिर निकाल पीछे झाँकते उनमें से एक ने बस से निकलते धुएँ की कालिख में
भाई के पीछे छूटते चेहरे को धीरे-धीरे खोते देखा
तब बस में केवल उतने ही लोग थे जितनी सीटें
उनके बीच भी ज़नाना के नाम पर मौजूद थीं केवल वे दोनों
और ज़ाहिर है कि अपनी-अपनी उत्सुकता और गर्दन की लोच के
दायरों में सबने नजरें गड़ा रखी थीं उन पर
वे मकान दर मकान दुकान दर दुकान ख़त्म होते शहर पिथौरागढ़ को देख रही थीं
शहर जहाँ ख़त्म होता है जहाँ रुकना नहीं था बस को फिर भी रुकी तो धड़ाधड़
चढ़े कई सारे लोग और खड़े होने की जगह न होने पर कुछ ने छत पर जगह बनाई
खड़े-बैठे तमाम लोगों के मुँह से भभक रही थी शराब
और यह वैसा ही दृश्य था जो भुतहा या फ़ेमिनिस्ट फ़िल्मों में दिखाया जाता है
धीरे-धीरे बस ने समय पार करना शुरू किया
और पीछे से आगे से धीरे-धीरे बढ़ती ही गईं आवाज़ें

बनबसा तक पहुँचते-पहुँचते बस में दो बार
झगड़े हो चुके थे कुछेक बार गाली-गलौज
जिनके बीच सहमी हुई गौरैयाओं की तरह बैठी थीं वे लड़कियाँ
चेहरे पर अकेले सफ़र करने के साहस का जिल्द बाँधे
ऊँघ और उबासी में बदल रही थी बस
बस थोड़ा ख़ाली हुई और थोड़ी मोटी लड़की
ने कम मोटी लड़की को कुहनियाकर नींद से जगाया
और फुसफुसाते हुए कहा तो
उसने देखा कि कंडक्टर अपनी जगह छोड़ चुका था और
उनकी बग़ल में रखे सूटकेस पर बैठा ऊँघ रहा था जबकि
उसकी सीट पर दो बहुत छोटे-छोटे बच्चे बैठे हुए थे
फिर उन लड़कियों ने उठकर अपनी-अपनी जगहों की अदला-बदली कर ली
थोड़ी मोटी लड़की अब खिड़की पर थी
इससे उचट गई थी कंडक्टर की नींद
लड़की के पूछने पर वह दो छोटे-छोटे बच्चों की ओर इशारा कर मुस्कुराया भर था
नींद फिर तारी हो गई
लड़की ने झटके से हटाया जाँघ पर आ बैठे पराये हाथ को
अंकल ये हाथ मस्ती बन्द करो अच्छा नहीं होगा
फिर दुबारा हटाया फिर तिबारा हटाया उस ढीठ हाथ को
जो बार-बार उसकी दाईं जाँघ पर आ बैठता था
सॉरी-सॉरी बोलता कंडक्टर अपने में सिकुड़ जाता और
बस के दचकों-धक्कों में कभी-कभी अपना आधा बदन
ला धमकाता लड़की के शरीर पर
लड़की फिर गुर्राई जहाँ रहते हो वहीं जलवा दूँगी ज़िन्दा
कंडक्टर थोड़ा तिनका ये रात के ढाई थे
और लड़की भयानक गुर्राहट के बावजूद
बस में अपनी साथिन के साथ अकेली थी

अरब सागर

चर्चगेट पर जब नहीं रुकेगी विरार से आनेवाली तेज़ लोकल
तो धड़धड़ाते हुए जाकर गिरेगी सीधे अरब सागर में
कहकर वह उठा और कूदने लगा
मैंने पकड़ लिया क्या करते हो डूब जाओगे
डूबना तो एक दिन सबको ही है इस अरब सागर में
तुम्हारे नहीं मेरे तो पुरखे इसी के नीचे सोए पड़े हैं
पानी में मनुष्य नहीं रह सकता इतने महासागरों में से
कोई एक बढ़ेगा और लील लेगा और इस ज़मीन को
न रहने लायक़ बना देगा भले आज हम उसकी आँतों से
कितनी ही ज़मीन निकाल लें

इस दुनिया में अगर कोई खो जाए तो मुश्किल है उसे खोजना
इस महासागर में तो असम्भव ही असम्भव मार असम्भव
इसके जठर में हैं करोड़ों करोड़ जन्तु आदमी से कई गुना छोटे
और कई गुना बड़े आबादी तो कई करोड़ गुना ज़्यादा
छोटे तालाबों को देखा है—पावरोटी का एक टुकड़ा डाल दो
तो कैसे बीसियों मछलियाँ दौड़ी चली आती हैं
सोचो तुम ख़ुद पावरोटी का एक टुकड़ा हो

वहाँ देखो जहाँ हल्का बहुत
हलका नज़र आ रहा है टापू
तुम्हें भी नहीं पता मुझे भी नहीं लेकिन
दिन में वहीं हमारे सपनों की मोल्डिंग और डाइंग होती है
सेटेलाइट के ज़रिए हमारी नींदों में घुसेड़े जाते हैं

ग्लूकोज़ की तरह बूँद-बूँद टुबुक-टुबुक
यहाँ से वहाँ के बीच सात समंदर हैं गिनो
एक दो तीन चार पाँच छह सात
वह देखो ध्यान से बहुत बड़ा जहाज़ गुज़र रहा है
कैंची बन समंदर को कपड़े की तरह काटता आर्काडिया प्राइड
कह रहा था न कोई खो जाए इसमें तो
बहुत मुश्किल है उसे खोजना
केवल सात लोग बचे तैंतीस को निगल गया डकार तक नहीं ली
इस कलूटे की छाती पर कान लगाकर सुनो तो ज़रा
तुम्हें साँस लेने की मद्धम और धुक-धुक की आवाज़ सुनाई देगी

ओह विलुप्त आर्काडिया प्राइड हारे और डूबे हुए जहाज़
अपने साथ कितना गंधक मिला गए तुम इसकी नसों में
कितनी हड्डियाँ कितने दिमाग़ कितने हाथ
कितने पैर कितना लोहा कितनी लकड़ी
डेढ़ सौ साल पहले डूबी थीं स्टीमरें तूफ़ान में फँस
अब तक जाने कितनी डूबी होंगी कितनी डूबेंगी
ख़ैर फिर भी डूबे हुए तमाम और आर्काडिया
प्राइड के शोक में दो मिनट का मौन धारण करूँगा

....
....
....
....

भाई साहब जो लोग कहते हैं जगहें निर्जीव होती हैं
मूर्ख होते हैं साले
जगहों में भी जान होती है शासन चलता है उनका
आपको अपनी जगह बहुत प्यारी है उन्हें
अपनी दिल्ली उन्हें बनारस
मुझे महासागर के किनारे महानर्क बन गए
इस महानगर से बहुत प्यार है कई बार सोचा छोड़ दूँ

उस गाँव में भी गया जहाँ से बरसों
पहले भाग आए थे मेरे पुरखे
जड़ें भी नहीं मिलीं अपनी
लोग उसकी भी खाद बना चुके थे
हर उस जगह गया जिन्हें बीज उम्मीद से देखते हैं
लौट आया इस शहर में कोई रस्सियों से खींच रहा था
बाप-दादा ने समुद्र से सुड़का था नमक और चुनी थी मछलियाँ
हिन्दी फिल्में देखी हों तो पता चले
सेठ से नमकहरामी करो तो कोड़ों से मारता है वह
वैसे ही क़ायम है पसीने और कोड़ों में रिश्ता
नमकहरामी की थी नमक बेचा इसे नारियल नहीं चढ़ाया
नारियल पूर्णिमा की दूसरी रात ही गटक गया दोनों को साथ
बहुत छोटा था नमक का स्वाद भी नहीं जाना था
बदन में चफना कर माँ ने सप्ताह-भर इसके नमक में इज़ाफा किया था
बैंडस्टैंड के आगे झोपड़ी-झोपड़ी चलोगे न दारू के अड्डे हैं बहुत
चार साल तक वहाँ किया था काम माँ ने
और फिर एक दिन वह भी कूद गई इसी समुद्र में
समुद्र में छिपे बैठे हैं मेरे बाप दादा अड़ोसी पड़ोसी तमाम
उसके बदन को उनने कुतरा या केकड़ों-मछलियों ने
दो दिनों बाद नुची-फटी बैंडस्टैंड के घाट पर मिली
लहरों ने धक्के मारे थे बहुत बहुत फूली हुई थी वह

तब से दारू के अड्डे पर नौकरी की शादी की पढ़ाई नहीं की
थोड़ा झोलझाल भी किया बोले तो
नाइंटी टू के दंगे में बीवी और बच्चे भी ख़लास
लाश नहीं मिली गोश्त तक खा गए मारने वाले
ओ मेरे बाप मेरे दादा मेरे अड़ोसी पड़ोसी तमाम
मेरी माँ मेरी बीवी मेरे बच्चे जाने-अनजाने सभी
नाइंटी टू के दंगों में मारे गए और उससे भी पहले जो मारे गए
और आगे भी जो मारे जाएँगे
फूल के गुच्छे जो मैं अपने झोले से निकाल रहा हूँ
सबको अर्पित कर रहा हूँ—तुच्छ भेंट—आत्मा को शान्ति मिले हम सबकी

इस देह को शान्ति से क्या वास्ता
मैं तुम सबकी याद में भी दो मिनट का मौन धारण करूँगा

....
....
....
....

अरब सागर की हवाएँ इतनी बेहूदा हैं
थपेड़ें मार कर रख देती हैं जब
नमक के घोल में डुबाकर सूखने के लिए
टाँगा कपड़ा लगता है यह जिस्म
होंठों को चाटो तो नमक ही नमक नम-नम नमक
ऐंठ जाता है बदन काम करने को दिल नहीं करता
चौड़ी लम्बी सड़कों पर ढुरढुराते गर्म इंजन दौड़-दौड़
फटफटाती गाड़ियों की छोड़ी काली गर्म साँसें हाँफ-हाँफ
आकाश को मुँह बिराती चमचमाती बिल्डिंगें और ऊपर-और ऊपर

सब इसी समुद्र के कारण है एक दिन सबको लील जाएगा
व्यर्थ में हम अपनी इच्छाएँ बढ़ा रहे हैं
एक इच्छा की पूर्ति बीसियों इच्छाओं का सिर उठा देती है
यह शताब्दी का अवसान है मित्र सभ्यता का नहीं
हमारे क़द से हज़ार गुना ज़्यादा होंगी हमारी इच्छाएँ
काली नागिन की तरह होती हैं
बग़ल में लिटाकर सोना मुश्किल है
बहुत मुश्किल है इस दुनिया में जीना
जो नहीं जी सकते वे अपना नाम ख़ारिज कर लें

और वह आदमी जो स्टीमर में मेरी बग़ल बैठ
बोले जा रहा था बोले जा रहा था बोले जा रहा था
अपनी सीट पर चढ़ समुद्र में कूद गया डूबने-उतराने लगा
स्टीमर में कोलाहल भीड़ के बावजूद आकर बैठ गया

बीच में ही रोक दी गई स्टीमर ट्यूबें फेंकी गईं दो-तीन
मैंने नीचे पड़ी फूल की कुछ पँखुरियाँ उठाईं
और पानी में डाल दीं और देर तक कोशिश की
उसके मौन को सुन सकूँ

पाँच रुपए का नोट

1992 का कोई दिन रहा होगा
(ठीक-ठीक तारीख़ मुझे याद नहीं
और न ही मैं किसी लाइब्रेरी में जाकर
पुरानी तारीख़ का अख़बार देख आना चाहता हूँ
स्मृति के भरोसे ही कह रहा हूँ)
उस वक़्त आडवाणी निकले थे देश-भर में
अपन अ-वाम हाथ उठाकर लोगों की सलामी
क़बूल करते किसी रथ पर
और लोग नीमहोश में दौड़े थे उनके पीछे बेतहाशा
गोया उनकी झलक न मिली तो देश और धर्म
से बहुत बड़ा द्रोह हो जाएगा

वही वक़्त था जब विश्व हिन्दू परिषद् ने एक जैसी कई ईंटें बनवाईं थीं
प्लास्टिक की और कहा था, इन्हें राम मन्दिर की बुनियाद में फिट करेंगे
और हज़ारों लोगों ने उन ईंटों को इस तरह देखा था
जैसे रामसेतु के पत्थर
और हमारे ही मुहल्ले में रहने वाले वोहरा परिवार ने जो
शायद कच्छी ब्राह्मण थे और तीन-चार मकान होने के कारण
जिनका काफ़ी रसूख़ भी था, अख़बारों में छप रही कुछ अपीलों और
शहर में ही रहने वाले कुछ सिन्धी स्वयंसेवकों की
सलाह पर घरों के पीछे जो बीच की जगह थी त्रिकोण
उस पर पंडाल डलवाकर एक बड़ी पूजा करवा डाली
दूसरे जो दस-बारह परिवार थे वे उन लोगों की तरह थे
ऐसे मौक़ों पर अक्सर जो लीड करता है
उसके पीछे हो लिया करते हैं भी जुड़ गए

वो ईंट जो पिगी बैंक या गुल्लक का बड़ा प्रासंगिक अवतार थी
जब मेरे पिताजी के सामने आई तो
साम्प्रदायिकता, अवसरवादिता और धर्मनिरपेक्षता जैसे
शब्दों को अपनी सुविधा और ज़रूरत
के हिसाब से परिभाषित करने वाले पिता ने
बड़ी सहजता से कुरते की जेब से हाथ निकाल दस का एक नोट
उसमें सरका दिया और सबको ललकार कर जय श्रीराम का नारा लगाया
तो ख़ुशी हुई कि केवल गुज्जू वोहरा में ही नहीं,
हमारे परिवार में भी है नेतृत्व का तत्त्व

और उसके बाद वह ईंट पड़ोस के और भी कई मकानों में ले जाई गई
बारी-बारी
और फिर शहर की जाने कितनी गलियों में उसे ले घूमे थे ऑटो में बैठ
हमसे छोटे जो बच्चे थे, उसके पीछे दौड़े थे
सरकारी मुनादी समझ

उसके बाद कॉलेज में एक दिन
मुम्बई के ही कुछ लोग जुटे थे जिनमें से ज़्यादातर को दाढ़ियाँ थीं
और ज़्यादातर के माथे पर चन्दन और तिलक थे
उनके पास भी वैसी ही एक ईंट थी और
मेरी जेब में पाँच रुपए का एक नोट
मैंने नोट गुल्लक में सरकाया
और बिलकुल पिता के अन्दाज़ में जय श्रीराम का नारा लगाया

मुझे नहीं पता था कि आडवाणी क्यों निकले थे रथ पर
नहीं पता था कि कभी एक अगरबत्ती भी न जलाने वाले पिता ने
किस धुन में लगाया था नारा
क्यों बनना था मन्दिर और क्यों ढहा दी जानी थी मस्जिद
मुझे नहीं पता था कि क्या होना है उस ईंट का
बस यह बताया गया था बचपन से
कि दिख जाए कोई साधु-फ़क़ीर तो उसे
कुछ छुट्टे पैसे दे देना

यह भूल जाना फ़ितरत में था
कि बच्चों को उठा ले जाने वाले अक्सर साधु बन कर आते हैं

मेरा दिल आज हल्ला कर रहा है
वे जाने कहाँ ले गए होंगे मेरे पिता के दस और
मेरे पाँच रुपए के नोट को
उस हथौड़े में इन पन्द्रह रुपयों का वजन भी रहा होगा
जो गिरा था मस्जिद के सिर पर
उसी से ख़रीदा गया होगा वो पेट्रोल
जो ख़ुद को सुरक्षित मान सो गए
लोगों के झोंपड़ों पर ढोल दिया गया था
उससे उस खंज़र में धार लगी होगी
जो एक गर्भवती को भोंका गया था

आज जो हल्ला है
उन रुपयों के ब्याज से तो नहीं पैदा हो रहा?

मैं किससे कहूँ कि मुझे लौटा दो मेरे पैसे
आडवाणी को, गुज्जू वोहरा को या फिर पिता को?

सिन्धु लाइब्रेरी

जैसे उँगलियों के बाद ख़त्म हो जाता है हाथ
सड़क का किनारा वहाँ ख़त्म होता था
फिर नौ इंच की नाली आती थी
पार उतरना हो तो घुटने पर हाथ टेकने पड़ जाएँ
इस अँधेरे में विक्टोरियन प्रतीक की तरह
रोशनी सिर्फ़ उस बोर्ड पर होती
जिस पर सिन्धी और हिन्दी में उसका नाम लिखा होता
हर वक़्त छाया रहता भुतहा सन्नाटा
(वैसे भी लाइब्रेरी में महान लेखकों, पुरानी किताबों, फटी जिल्दों,
टूटे फर्नीचरों, अनमने लाइब्रेरियन, काम में व्यस्त दीमकों
और तफ़रीह करते तिलचट्टों की आत्माएँ भटका ही करती हैं)

वहाँ से हम लगभग रोज़ गुज़रते थे
उस लाइब्रेरी को कभी देखा नहीं था
किसी रात शायद अपने आप खड़ी हो गई हो
दोनों ओर ऊँची इमारतें थीं
उसके सामने हमेशा ईंट का ढेर सीमेंट की बोरियाँ रेत का ढूह
और बड़ी गिट्टियों का परदा रहता
जो अपने पार न देखने देने का गुणधर्म निभाता
उसे लाँघ जब पहली बार हम घुसे थे
दरवाज़े से ही लौट आना चाहते थे
अन्दर अधेड़-सा व्यक्ति जो शक्ल और पहनावे से ही सिन्धी मालूम
होता था
शाम को छपने वाला कोई सिन्धी अख़बार पढ़ रहा था
एक बार को भी न उठाई नज़र

न हममें हुई हिम्मत कि उससे कहें एक बार नज़र तो उठा लो दादा भाई
बमुश्किल दस अलमारियाँ थीं, उस हिसाब से किताबें कम
एक कोने में सीमेंट की बीसेक बोरियाँ थीं
फ़र्श गीली थी पंखा बहुत ऊपर था लम्बी रॉड वाला
दीवारों पर बरसात के निशान थे
और एक गीली बू थी
हम बिना काँच-दरवाज़े वाले हर रैक के सामने खड़े होते
बार-बार उस अख़बार पढ़ते को देखते
जिसका एकान्त परछाइयों से बेफ़िक्र था
दृश्य और ध्वनि के राजपाट से दूर
हमने डरते-सँभलते दो किताबों को छुआ
और उस आदमी से पूछा उन्हें ले जा सकने के बारे
उसमें कोई ख़ास हरकत न हुई
उसने किताबों को एक बार अच्छी तरह झटक लेने को कहा
फिर एक अख़बार पर लिख लिये हम दोनों के नाम
फिर अख़बार में ही देखते बोला ले जाओ यार!
फिर चश्मा उतारा, अख़बार मोड़ा
फिर पहना चश्मा और खोल लिया अख़बार

यह जानना जीवट का काम था
इस शहर में जहाँ स्कूल की ज़मीन पर सिनेमाघर पार्क की ज़मीन पर पार्किंग लॉट
और अस्पताल की ज़मीन पर गैरेज खुला हो
किताबों से पड़ता है किनका वास्ता
कौन थे वे जिन्होंने हर साल महँगी होती ज़मीन के समय में
ज़मीन का एक बड़ा टुकड़ा किताबों को दे रखा था
हर रोज़ महँगी होती लकड़ी से कुछ फल्लियाँ इनके लिए जुगाड़ ली थीं
आगे बढ़ने लगे शहर में किसके पास थी फ़ुरसत
कहाँ से जुट गईं बिखरी हुई जगहों से इतनी किताबें
जैसे बिखरी हुई जगहों से जुटे हों लोग

बरसों पहले जब ज़मीन बँटी थी
करनाल, देवास, देवलाली के मिलिटरी बैरकों में गुज़ार अपने वक़्त

पोटलियों में अपना सिन्ध, लारकाणा, शिकारपुर, सख्खर, हैदराबाद बाँधे
जो लोग आए थे यहाँ पर
जिनके सामने खड़ा था उनकी उम्र का सबसे बड़ा सवाल
जिनकी औरतें बड़ी मोरी वाले पाजामों के भीतर
बड़े जतन छुपा लाई थीं एकाध नथ
बाली अँगूठी या ऐसा ही कुछ
मुसीबत के मौक़े की पूँजी बना

तसल्ली से जब बाँसुरी बजा रहा था नीरो
उस वक़्त जिन लोगों ने बजाई थीं तालियाँ
वे ही इनकी पीठ पर कोड़े मार रहे थे
जिन्हें झेलते हुए चुपचाप इनमें से कोई
साड़ी में फॉल लगा रहा था काज-बटन बना रहा था
बटर-पापड़ी का खोमचा सजा रहा था
ख़ालिस मुम्बई के वड़ा-पाव को अपनी तरह का स्वाद दे रहा था
सब कुछ खो चुके लोगों की तरह सब कुछ वापस पा लेने के संघर्ष में था
जो वक़्त पढ़ाई का नहीं, ज़नाना कपड़ों पर कढ़ाई का था
वैसे में इन्होंने क्यों रखा ख़याल इन किताबों का
जो क़ायदे से देखा जाए, तो न इनकी भाषा की थीं
न संस्कृति की

इस जगह इस लाइब्रेरी को हो गए तीन दशक
एक वक़्त था जब
एक बसरमल था जो बाद में हाजी मस्तान के साथ हो गया
अपने बच्चों को लाता था हफ़्ते-हफ़्ते
जमनादास था जो सुबह पाँच बजे पापड़ लेकर निकलता था
और वीटी से कल्याण तक रोज़ चार फेरे मारता
जेठाराम नन्दलाल दादा पुरस्वाणी पेटिसवाला लालवाणी
बात-बात पर शेर मारनेवाला बाँका ईश्वर चन्दर भी
बहुत थे इतने लोग
एक साँस दो तो किताब ज़िन्दा रहती हैं हज़ार बरस

बहुत थीं इतनी साँसें
अब सिर्फ़ मैं हूँ जो एक छड़ी पर टिकता है
अपनी ही परछाईं से बना है उसी में मिल जाता है
और अपनी ही आवाज़ को मन ही मन गाता है

वह सिर्फ़ दो घंटों के लिए खोलता है ताला
न वह उन दीमकों से लड़ता है जो कुछ ही दिनों में
चाट जाएँगे इस पूरे भवन को
न उस धूल से जो इसे ढूह में बदल देगी
वह जिस कुर्सी पर बैठता है सिर्फ़ उसे साफ़ करता है

हम कई बार गए वहाँ
पिछली बार ले गए जितनी किताबें कभी लौटाने नहीं लाए
उसने कभी नहीं देखीं हमारी किताबें
दुबारा नहीं लिखवाया किसी अख़बार पर नाम
नहीं बताया कौन-सी संस्था चलाती है उसे
और क्यों दो-चार महीनों में ही टूट जाएगा ये भवन
कि कुछ लोग उसे वह जगह ख़ाली करने को कहते थे
कि कुछ लोगों ने एकाध बार बाहर फेंक दी थीं किताबें
कि उसे शहर का विधायक अपने घर बुलाता है
और ज़िन्दगी आराम से बसर करने की दावत देता है
हम कभी नहीं समझ पाए
वह क्यों नहीं उठाता था अपनी नज़र
क्यों नहीं रोकता था हमें मुर्दे का कफ़न चुराने से
वह नज़रें गड़ाकर उसी ज़माने में रहता था
जब जमनादास लोकल ट्रेन में बेचा करता था पापड़
और बसरमल अपने बच्चों को ले आता था यहाँ
इन किताबों ने ऐसा क्या सिखा दिया उन बच्चों को
कि आज ये इन्हें ही तबाह कर देने पर आमादा हैं

जिस क़ौम ने जला दीं किताबें ढहा दीं लाइब्रेरियाँ
जिसने संगीत के कार्यक्रम में मंच पर ही पटक दिया गिटार

जिसने बर्फ़ को गाली दी और हरी पत्ती को ज़हर
उस क़ौम को तरक़्क़ी से कोई नहीं रोक सकता

ये किताबें उन्हीं दिनों रूस में भी जलीं
युगोस्लाविया में तुर्की में
मुम्बई के पास सिन्धियों के लिए बसाए उल्हासनगर में भी
और अभी पिछले दिनों बग़दाद में भी

अब मिलिटरी वाले बैरक यहाँ नहीं हैं
बसरमल के पोते का नाम बसरमल नहीं है
इमारतें इतनी हैं कि आसमान ही न दिखे
धरती तो ख़ैर दिखती ही नहीं
जो सिन्ध में खो आए थे अपनी बेशक़ीमती ज़मीनें
उनने हज़ारों गज़ ज़मीनों को हड़काकर हड़प लिया है
जब तक हम और किताबें चुराने जाते सिन्धु लाइब्रेरी
वहाँ मलबा था टूटे हुए दरवाज़े जले काग़ज़ों की गन्ध और मिट्टी हो गई इबारतें
जिनमें कई रूहें ख़ामोश थीं सपना टूटने पर गिरने वाले तारे थे
गिट्टी-सीमेंट का मसाला मिलातीं मशीनें
उस शोर के बीच कहीं चुप्पी थी
झुकी नज़रों वाला वह बूढ़ा नहीं था

ज़िन्दगी के बचे दिन किस ठीहे पर लादे होंगे उसने
नहीं पता उसे इन्हीं किताबों में तो नहीं गाड़ दिया
जब वहाँ बन गई बिल्डिंग तो कई लोग देखने आए
उस जगह की पहचान उस कॉम्प्लेक्स के नाम से बन गई
जिसमें थी फर्स्ट फ्लोर पर पार्किंग की अजूबा व्यवस्था
हैरत करते थे लोग कैसे जाती होंगी ऊपर तक गाड़ियाँ
कई बरस तक सिर्फ़ नगरपालिका के नक़्शे में वहाँ
बची रही सिन्धु लाइब्रेरी

आधी रात में सड़क पर अकेले

आधी रात में सड़क पर अकेले लगता है
रात एक आतंक है और
हर मोड़ पर जंगली कमान के साथ खड़े होंगे लोग
सूनी सड़क की छाती में धड़कन की तरह
धुकधुकाती है हमारी पदचाप
कुत्ते आसमान की ओर मुँह उठा रोते हैं एक साथ
भयानक और बेजान रात में भी ख़ुशी और
दुख दबे क़दमों से आ जाते हैं
घड़ी की सुइयाँ धीरे-धीरे सुबह का दरवाज़ा खटखटाती हैं
ठीक चौराहे पर कुहासे की दीवारों में चिना ऑटो रिक्शा है
जिसकी पिछली सीट पर पुरानी चद्दर से
बदन ढाँप सो रहा है ड्राइवर
यह रात का वह पहर है जब इन्तज़ार थक जाता है
हम अपनी परिचित सड़कों और गलियों से गुज़रते हैं
लेकिन परिचितों की बाल्कनी के नीचे खड़े हो
आवाज़ लगाने की हिम्मत नहीं कर पाते
काली रात में हम देर तक सिर झुकाए
कुछ ज़रूरी फोन नम्बरों और
फ्लैट नंबरों को याद कर रहे होते हैं
हम या तो जल्दी घर पहुँचना चाहते हैं
या दुनिया के तमाम झंझटों से भाग सड़क
पर ही बिताना चाहते हैं यह रात
रात जो इससे पहले कभी इतनी भयानक नहीं लगी

नेरुदा और मातील्दा*

यह मास्को के पास का कोई जंगल है
जिसमें रोशनी जैसे टप्पे ले-लेकर आ रही है
एक टप्पा नेरुदा के सिर पर है
दूसरा कान पर
तीसरा चू रहा है उनकी आधी बाँह वाली क़मीज़ के कन्धे पर

मातील्दा उनकी बाँहों में है
वे खड़े हैं दरख़्तों की हरी छाल बनकर
ये ज़रा-सी रोशनी जो इन पर आई है टप-टप
बताती है कि आसपास अँधेरा घना है
महाकवि ने मातील्दा के माथे पर
टिका रखी है अपनी ठुड्डी
जैसे सड़क पर करते पति ने झट पकड़ लिया हो पत्नी का हाथ
बियाबान में घबरा गया हो
और अचानक परिचित बाँहों की शरण में चला गया हो
उम्मीद के दिनों की सकुचाई मुस्कान
बन्दूक अभी-अभी हुई हो दृश्य से बाहर
बिलकुल अभी-अभी झनका हो सुकून का यह सुर
निर्जनता में साथ का विश्वास
पूरे ब्रह्मांड का वज़न लदा हो बदन पर
यह हवा से भी हलका हो जाने का क्षण है

* स्पैनिश भाषा के महाकवि पाब्लो नेरुदा व उनकी पत्नी मातील्दा उर्रुतिया के एक चित्र की स्मृति में। 20 साल की उम्र में प्रेम की 20 कविताएँ लिखकर चर्चित हुए नेरुदा ने मातील्दा के लिए वादे के मुताबिक़, सौ सॉनेट लिखे थे और बहुत दिलचस्पी लेकर उसके साथ इस्ला नेग्रा यानी काला द्वीप नामक घर बनाया था।

यह मातील्दा के नाम लिखा गया 101वाँ सॉनेट है
प्रेम की 21वीं कविता है
इस्ला नेग्रा है यह तस्वीर
जिसकी खिड़की से झाँक रहा समंदर शहद जैसा लगता है
पूरी पृथ्वी को जिसने बना लिया हो अपना घर
स्वर्गतारा पर टिकाता है ठुड्डी
और प्रेम के परमाणु में बदल जाता है

कितने उदात्त लग रहे हैं नेरुदा
झुकी हुई निगाह और अद्वितीय मुस्कान में
जब वह लिखते होंगे कविता
तो ठीक ऐसे ही दिखते होंगे
भेड़ों की ऊन छीलते मज़दूरों को
जब सुनाते होंगे
तब भी ऐसे ही

नेरुदा और मातील्दा-2

इस तस्वीर को जब से देखा है तुमने
तुम्हारी ज़िद है
एक तस्वीर हम भी खिंचाएँ ऐसी
इस बात को आज दस बरस होने हैं
आज तक नहीं आया वह मौक़ा
जब मैं तुम्हारे माथे पर रखूँ अपनी ठुड्डी
और वैसे ही पोज़ में खड़े रहें हम
जैसे खड़े नेरुदा-मातील्दा

तुमने कहा, इस तस्वीर की जान नेरुदा नहीं
गर्व से खिला मातील्दा का माथा है
उसके चेहरे की ख़ुशी है जिसे कोई भी
हज़ार बरस तक रख ले तिजोरी में
यह उस औरत की झिलमिल हँसी है
जिसके पति को दुनिया की बेरहम तानाशाही, दोस्तों के क़त्ल
अपनी ज़मीन से बेदख़ली, गोली मार दिये जाने, उम्र के आख़िर तक
क़ैदख़ाने में सड़ा दिए जाने की ख़बरों और एक निर्जन द्वीप में
पुरानी प्रेमिकाओं की चिट्ठियों से लड़ते हुए इतना जीवट मिल जाए
कि अपनी पत्नी के लिए लिख सके वह सौ प्रेम कविताएँ

नेरुदा की मौत के तेरह साल बाद जब मरी मातील्दा
उनके साथ बिताए पूरे जीवन की किताब लिखने के बाद
तो वह कितना ख़ुश थी कि उसके विरह का वनवास
ज़्यादा लम्बा नहीं रहा
किसी और दुनिया में जब मिले होंगे दोनों

तो वह ऐसे ही खिलखिलाई होगी
उसके बाद भी मास्को के पास इस जंगल में वे आए होंगे बारहा
और फ्लैश की चमक से हुलस जाते होंगे

हम कब खिंचवाते तस्वीर ऐसी
साथ थे माथेरान के जंगल में घंटों
किस दरख़्त से कहते कि चमका दो एक फ्लैश
किस सूरज से कहते कि छुप जाओ भाई मियाँ
हमारी रील को डार्क रूम की ज़रूरत है
रिसेप्शन में थोड़ा भी नज़दीक लाता हमें
दोस्त फ़ोटोग्राफ़र
तुम कैसे सिकुड़ जातीं बिंदासियत के बावजूद
कैसे झिड़क देतीं
दो इंची फ़ासला बना लेतीं
उस वक़्त तुमने कितनी बार देखी थी मेरी ठुड्डी
और लॉन में ठठाती सैकड़ों की भीड़

जब मेरे पिता खींचते हमारी फ़ोटो
तब भी तुम्हारा मन हुआ होगा ज़रूर
ससुर के सामने कैसे जाओगी पति की बाँहों में
इतना क़रीब कि वह टिक सके तुम्हारे माथे पर ठुड्डी के बल
बड़े भैया बड़ी भाभी भतीजियों के सामने
मेरी हिम्मत हुई नहीं कभी
रख सकूँ तुम्हारे कन्धे पर हाथ

तुम्हारा मन होता था
जब मैं स्टेशन पर आया करूँ तुम्हें लेने
तो वैसे ही लिपटो शिद्दत से मुझसे
कि गले लगकर स्वागत करने से अच्छा भला और क्या

न तुम हो मातील्दा न मैं हूँ नेरुदा
ये शौक़ वे ही फ़रमाएँ तो बढ़िया
अपन तो यहाँ रहते हैं बन्नो

ख़ुद-ब-ख़ुद ख़त्म

अस्पताल के उस कमरे में
अभी थोड़ी देर पहले रो रहे थे पुरुष और महिलाएँ
अब वहाँ एक बच्चा रो रहा है
कुछ लोगों के मातम की जगह आ गया है
कुछ लोगों का हर्ष

जो अभी-अभी मरा है
वह अगले जन्म में फिर जी जाएगा
जो अभी-अभी जन्मा है
वह पिछले जन्म में मरा ही होगा

जो मरा है
वह इसी जन्म में कितनी बार मरा होगा
जो जन्मा है
उसे इसी जन्म में अभी लेने हैं कितने और जन्म

साइकिल के डंडे पर बैठी लड़की

बहुत पहले जब गाँव गया था जौनपुर के एक क़स्बे में
साइकिल पर डबल सीट बैठ
कॉलेज-स्कूल जाती कई लड़कियों को देखा था झुंड में
जैसे स्कूल कॉलेज जाने वाले कई लड़के साइकिलों के क़ाफ़िले में
चलते हैं
साइकिल के डंडे पर बैठी लड़की और साइकिल की सीट पर बैठी
लड़की आपस में ख़ूब बतियाती हैं
ज़्यादातर चुप ही देखा था मैंने लड़की और
सीट पर बैठे लड़के को
डबल सीट साइकिल चलाने वालों को काफ़ी ज़ोर लगाना पड़ता है
एक नहीं दो-दो शरीरों के वज़न को पैडल मारता है
वह गाँव या गाँव से बड़ा कोई क़स्बा था
जहाँ लगभग सभी सूरतें पहचानी होती हैं
सो डंडे पर लड़की को बिठा साइकिल
चला रहा लड़का उसका प्रेमी ही होगा
यह मानने में हिचक महसूस होती क्योंकि
मेरा गाँव बाक़ी तमाम गाँवों की तरह का
गाँव है जहाँ ज़ाती दुश्मनी पर नहीं
निख़ालिस प्रेम पर प्रतिबन्ध है
वहाँ मेरे घर में मेरा उम्रदराज़ चाचा अब भी
चाची को सबके सामने गालियाँ दे देता है
अपनी नई-नवेली पत्नी के साथ ठीक दुपहरिया में
अन्दर वाले कमरे में अकेले बैठे भैया को
अभी भी मेरे बाबा साला महरा हिजड़ा कह देते हैं

मेहरारू की छाती से चिपकना मर्द
जिससे प्रेम करने और उससे प्रेम पाने का
लाइसेंस मिल गया हो शादी के बाद
उससे भी प्रेम का खुला इज़हार करने पर है रोक
कैसे मान लूँ कि डबल सीट लड़की को
बिठा गुज़र रहा है जो लड़का बीच बाज़ार बीच सड़क
वह उससे इश्क़ करता ही होगा
हो सकता है
कि वह लड़का उस लड़की का बिलकुल
सगा या दूर का ही कोई पर भाई हो

वहाँ गाँव में जो हमारे पड़ोस का घर था
और जिसकी एक किशोर लड़की
हमारे घर में ख़ूब आती-जाती थी
चूल्हा-चौकी और अपनी पढ़ाई से थोड़ा समय चुरा
वह मुझसे बड़े मेरे चचेरे भाई को भैया कहती थी
एक दिन मैंने दोनों को घर के बिलकुल
निर्जन कोने में इस तरह देख लिया था
कि आज तक मैं उसी दृश्य के सहारे गाँव
और प्रेम को परिभाषित करने की कूड़मगज़ी करता हूँ

मैं साइकिल के डंडे पर बैठी लड़कियों के बारे में सोचता हूँ
और साइकिल पर बैठी उन लड़कियों के बारे में भी
जिन्होंने साड़ी पहन रखी होती है
और जिनके घूँघट खिंचे होते हैं और
जिनकी माँग में सिन्दूर का एक चकरोड बना होता है
ये ज़्यादातर जो साइकिल चला रहा होता है उसकी बीवी होती हैं
साइकिल की चेन में कम होती जा रही ग्रीज़ की पतली आवाज़ के
आगे-पीछे
साइकिल पर चल रहा दो लोगों का यह परिवार
उतनी ही धीमी आवाज़ में बतियाता है

घर-दुआर खेत-खलिहान सास-ससुर माँ-बाप या
रात की किसी झिड़की पर ठिठोली पर हँसते हैं साथ
या बहुत मुमकिन है ठीक इस वक़्त वे
सौदा-सुलुफ़ करने बाज़ार जाने के बजाय
कहीं नज़दीक की रिश्तेदारी या लौंगलता
चाटपूरी खाने जाने के बजाय
बिलकुल नई-नई लगी किसी फ़िल्म को देखने के वास्ते जा रहे हों
जहाँ से घर लौटने में अँधेरा हो जाएगा और
साइकिल चलाता हुआ पति
साइकिल चलाते हुए अँधेरे में ही उसके साथ कोई हरकत करेगा
हँस-हँसकर छोड़ने की मनुहार करती वह कमउम्र लड़की
ठीक इसी समय उसे कहेगी कि वह अब
आगे नहीं, दुपहिए पर पीछे बैठना चाहती है
हाँ-हाँ क्यों नहीं करता हुआ वह आदमी
जब कुएँ से खींची ठंडे पानी की बाल्टी से
अपना हाथ-मुँह-पैर धोकर ओसारे में बिछाई खटिया पर बैठेगा
जल्दी से जल्दी एक दुपहिया भले सेकेंड हैंड
ख़रीद लेने के बारे में हिसाब करेगा
या सोचेगा इस औरत को पिक्चर नहीं दिखानी
चाहिए वरना धीरे-धीरे बढ़ती ही जाएँगी इसकी माँगें
जास्ती ही चालू-चिमन होगा तो
किरकिराती साइकिल के मानिंद चलती
गृहस्थी के बीच के किसी झगड़े में टप से कह देगा
इतना ही शौक़ है दुपहिया पर चढ़ने का तो
साथ क्यों नहीं ले आई

मैं साइकिल के बारे में सोचता हूँ तो लगता है
कि यह कुछ और नहीं
सिर्फ़ दो पहिये हैं जो मोटर साइकिल के पहले की एक कड़ी हैं
और हवाई जहाज़ रेलगाड़ी बनने के पहले ही
आदमी के लगातार जल्दबाज़ होते जाने की निशानी

कि वह अपने पैरों से तेज़ कोई चीज़ चाहता है और
साइकिल फिर हवाई जहाज़ बनाता है
और अपने दिमाग़ से थोड़ा तेज़ की चाह बनाती है
कैलकुलेटर फिर कम्प्यूटर
कि वह अपनी आँखों से जितना सुन्दर पाता है यह दुनिया
उससे कहीं ज़्यादा सुन्दर हाई टेक्निक
सुपर इम्पोज्ड सिनेमैटोग्राफ़ी-फ़ोटोग्राफ़ी में
और ये साइकिलें स्कूल-कॉलेज के बच्चों के लिए कितना बड़ा
फैसिनेशन रही होंगी हमें तो लूट लिया मिल के हुस्नवालों ने
जैसे गानों वाली फिल्में देखकर आसानी से पता चल जाता है

मेरा एक दोस्त 1996 में बजाज प्रिया पर भी
बैठने में झिझकता था और कहता था
साइकिल पर या तो रेसर चलते हैं या चपरासी
पीडब्ल्यूडी की ज़मीन पर अतिक्रमण कर बने
मेरे दफ तर के पार्किंग स्टैंड में खड़ी हैं पचासों साइकिलें
यहाँ कितने रेसर काम करते हैं कितने चपरासी
मुझे नहीं पता
पर मेरे आसपास के लोग कहते हैं
जो साइकिल पर चलते हैं
वे जीवन-भर पैदल रहते हैं

बहुत सारी फिल्मों के गानेदार रोमांटिक दृश्यों और
कुछ साबुन टूथपेस्ट डियोडरेंट और माउथ फ्रेशनर्स के
रूमानी विज्ञापनों में देखा है मैंने
लड़के की बाँहों में घिरी बैठी है लड़की
साइकिल के डंडे पर ऐसे
जैसे मेरा एक हमउम्र दोस्त अपने प्यार को नैन्सी फ्रायडे के
किसी उपन्यास के चैप्टर की मानिन्द
यूँ फैंटासाइज़ करता है कि बिलकुल हरी वादियों में वह
अपने साथ उड़ाए ले जा रहा हो किसी को

और ऐसे दृश्य देखकर मुझे विष्णु खरे की
वह कविता याद आ जाती है जिसमें
बाप द्वारा चलाई जा रही साइकिल के डंडे पर बैठी लड़की
पीछे थोड़ा दूर से बाप की गोद में बैठी हुई
लड़की की तरह दीखती है

अप्रासंगिक

कुछ मुखौटे लगाता हूँ फेंक देता हूँ
चीख़ से शुरू होता चुप्पी में बदल जाता हूँ
मोपासाँ की तरह काल्पनिक शत्रु पर गोली दाग़ता हूँ
गले को ब्लेड से चीर मदद की आस में तड़पता हूँ
सोता हूँ तो महसूस करता हूँ पिस्तौल चिपकी है कनपटी से
पुलिस की गाड़ियाँ देख सिहर उठता हूँ
अस्पताल में चक्कर आते हैं क़ब्रस्तान में बेचैनी
ठंड से काँपता हूँ और कम्बल चुराने वालों को कोसता हूँ
भीड़ में ऊटपटाँग हरकतें कर लोगों का ध्यान खींचता हूँ
उदासी को मानता हूँ पवित्र
और समझता हूँ हमारी लाशों पर चलना उनका प्यारा शग़ल है
अप्रासंगिक होना ख़त्म होने की शुरुआत है
मुम्बई में दौड़ने वाली विक्टोरिया और मेरे दादा का
उदाहरण देकर समझाया उन्होंने
करोड़ों को उम्मीदों का दामन थामकर मरते देखा है
जीवन जैसा भी है कुल मिलाकर इन दिनों
भय देता है

महकती चाय का गीत

उसकी पतीली में उबल रहे हैं
दुनिया के तमाम दुख
और आदमी को आदमी की तरह न जीने देने की
तमाम दुनिया की साज़िशों से बेख़बर
वह गा रहा है

वह गा रहा है
स्टोव के पंचम स्वर पर
होंठों को गोल कर सीटी बजा रहा है

वह दुनिया के सबसे ख़ूबसूरत
और सबसे ज़्यादा ख़ुशबू वाले फूलों की ख़ुशबू
अपनी अंजुरी में भर लाया है चोरी से
और इससे कुछ अलग ही
महकती है उसकी चाय

रोज़मर्रा की चीज़ों को लगातार अप्राप्य बनाने वाले
नहीं खड़े हैं उसके ठेले के किनारे
रोज़मर्रा की चीज़ों को लगातार अप्राप्य बनते देखने
और झेलने और जीने को मजबूर ही पीते हैं उसकी चाय
उसकी चाय
जो अभी तक पेटेंट नहीं हुई है

चाँदी की तरह दिखने वाले सोने की ज़ंजीरों के
खड़कने की आवाज़ उसने सुनी नहीं है

उसे ख़बर नहीं कि पतीली और
काँच के छोटे-से गिलास की
उसकी ललछौंही चाय उससे छीन लेने के लिए
दुनिया के सबसे बड़े लोकतन्त्र के मठ में चर्चा चल रही है

इस चर्चा से बेख़बर वह चाय बना रहा है
और होंठों को गोल कर सीटी बजाते हुए
महकती चाय का गीत गा रहा है

देखो वे घोल रहे हैं उसकी चाय में बाज़ार का स्वाद
देखो वे लपक कर छीन लेना चाहते हैं उसके होंठों से उसका गीत
देखना ऐसा हो नहीं पाएगा

हम सिर्फ़ जंगल से गुज़र रहे हैं

यह घने अँधेरे में डूबे
जंगल से गुज़रने का दौर है

घने अँधेरे में डूबे इस जंगल के विपरीत छोरों पर
दो बस्तियाँ हैं
और हम एक बस्ती से निकलकर उस छोर पर बसी
दूसरी बस्ती की ओर जा रहे हैं
और इन बस्तियों के बीच
घने अँधेरे में डूबा जंगल मुँह बाए खड़ा है
और यह जंगल अब तक की जानकारी में
वह सबसे अकेली जगह है जहाँ
सूरज भी नहीं पहुँच पाया है
और हम भयानक अँधेरे में डूबे इस जंगल से गुज़र रहे हैं

हमारे हाथों में टॉर्च हैं
जिनकी रोशनी के चकत्तों के बावजूद
हमें ठोकरें लग रही हैं
हम छोटे-बड़े पेड़ों और छोटे-बड़े जानवरों से
बचते-बचते
घुटन से भरी हवा को पीते हुए चल रहे हैं

लेकिन हम इतने हैं कि हम जानते हैं
हम सिर्फ़ जंगल से गुज़र रहे हैं
और घने अँधेरे में डूबे इस जंगल के
उस छोर पर बसी बस्ती तक पहुँचना
हमारे लिए कोई मुश्किल नहीं

भाषा, ज़रूरत और उस आदमी की कहानी

यह उस आदमी की कहानी है
जो ठूँठ के नीचे खड़ा छाया की आस लगाए है

उस आदमी की दुनिया में
सूरज और चाँद और सितारे
सभी अपने समय पर उगते हैं
लेकिन उस आदमी के जगने का कोई
निश्चित समय नहीं है
किसी को नहीं पता
वह सोता कब है
कहाँ और कैसे

वह अक्सर देर से उठता है
और नदियों और पहाड़ों और झरनों को खोजने के लिए
नदियों और पहाड़ों और झरनों के जंगल की ओर जाता है
वहाँ उसे विभिन्न क़िस्म के जानवर मिलते हैं
जिनसे वह दोस्ती करना चाहता है
पर मुसीबत यह है कि
विभिन्न क़िस्म के वे जानवर आदमी की भाषा नहीं जानते

संवादहीनता की भी अपनी भाषा होती है
संवादहीन भाषा के होते हैं अपने नियम
जिनसे गुज़र कर ही बोलती है भाषा

प्रेम करने की और दोस्ती करने की और साथ रहने की
भाषा सीखना आसान नहीं
इसके लिए ज़रूरी है
प्रेम करने की और दोस्ती करने की और साथ रहने की
इच्छा का होना
और इनसे भी ज़रूरी है
ज़िन्दगी में इन सबकी ज़रूरत का होना

जब इच्छा ज़रूरत बन जाती है
तो आदमी की क़िस्म का कोई भी आदमी
जानवर की क़िस्म के किसी जानवर से
बड़ी आसानी से दोस्ती कर लेता है

अभी हम बहुत दूर हैं

जब दोस्त पचास का होकर मरा
हम अपनी-अपनी उम्र गिनने लगे

कनपटी से झाँकते सफ़ेद बालों को
ख़िजाब ने छिपा लिया था
हमारे झूठों ने छिपा ली थी हमारी जन्म तारीख़
हमने दोस्त के घरवालों से कहा था—
यह तो होनी है कौन टाल सके
हमने कई रातें जाग कर बिताई थीं
और सर्दी-खाँसी की छोटी-सी शिकायत पर भी
हममें से कई
झट् भागे थे डॉक्टर के पास

कुछ दिनों तक
हमें बीवी लगी थी विधवा और बच्चे अनाथ
बिलखते हुए
जैसे दोस्त की बीवी और बच्चे
कुछ दिनों तक हमारी चर्चाओं में थीं उसकी यादें
उसके पसन्दीदा खानों और फ़िल्मों और ठहाकों को हमने याद किया
कुछ दिनों तक हमारी ज़ुबान पर उसका नाम था किसी प्रार्थना की तरह
हमने याद किया मर चुके कई पुराने दोस्तों को
जिनके न रहने की ठीक-ठीक तारीख़ अब हमें याद नहीं
ज़िन्दगी में पहली बार देखी थी जिसकी मौत
वह हमारी चर्चा में अचानक आया
और फूहड़ तरीक़े से हमें घसीट ले गया

हममें से एक ने देखी थी वह सौवीं मौत
हम हैरान थे, वह बुद्ध क्यों नहीं बन गया
हमने कहा खाई हुई रोटियाँ देखी हुई मौतें गिनी नहीं जातीं

अचानक हमारे स्वभाव में आ गई थी
एक अस्वाभाविक गम्भीरता
दोस्तों और रिश्तेदारों और पड़ोसियों और दफ़्तरवालों से
मिले क्षमा-याचना के साथ
जैसे आख़िरी मुलाक़ात
परिवार की सलामती की दुआएँ माँगीं
जैसे आख़िरी इच्छा
दफ़्तर जाते समय प्यार से चूमे बीवी के होंठ
जैसे जा रहे हों रणभूमि
घर लौट कर लगता
पलँग पर लेटे-लेटे ही खप जाएँगे हम

चटपटा खाने के शौक़ीन हमने
कम करवा दिए थे नमक और तेल
सपनों में एक अँधेरी गुफ़ा हमें भयानक दीखने लगी थी

हम अपनी उम्र के बचे दिनों को सँजो रहे थे
जैसे महीने के आख़िर में तनख़्वाह
अपनी-अपनी उम्र गिनकर हमने पाया
हम छू रहे हैं पचास की परछाईं

टिफिन बॉक्सों का फीकापन चखकर हम सब ठहाके लगाते
मानो ठहाकों में लपेट कहना चाहते हों
नहीं
अभी हम बहुत दूर हैं मौत की तारीख़ से

नृशंसता को सहमति

वहाँ एक ब्रिज का काम अधूरा पड़ा है
साठ के बजाय तीस फ़ीट चौड़े रोड से गुज़ार लेते हैं लोग
कारें स्कूटर बाइक्स और लॉरियाँ
ख़तरनाक चीज़ों से भी रोज़-रोज़ बच निकलना
जोख़िम से ज़्यादा व्यवहारकुशलता है
जो जवान कल बड़े दुख से कहता था
ईमानदारी नैतिकता की बात करने वाले हम
आख़िरी पीढ़ी के लोग हैं
आज अपनी पीढ़ी बदल चुका है
जिसे सबसे असहज माना गया
वो सबसे कच्चा अभिनेता निकला
लोग जिन्हें सचमुच तकलीफ़ हैं कभी इकट्ठा नहीं आते
जो आते हैं उन्हें बदलाव नहीं चौथ चाहिए
बहुत खरा बोलना बहुत ज़्यादा आपदाएँ बुलाना है
कविता में भी खरेपन से कन्नी काट रहे हैं मेरे अदीब

मुम्बई से बिलकुल सटा हुआ है मोखाड़ा
कोई लिपि नहीं लिख सकते वहाँ के बच्चे
वारलियों की लोक कला की पेंटिंग पच्चीस हज़ार में जाती है
वारली आधा पेट खाता है
मेरे शहर की कितनी महिलाएँ
उधार पर किराना देने वालों के साथ सोती हैं
कितनी लड़कियाँ माथे पर सिन्दूर लगाए रात तीन-तीन तक
नाचती हैं लेडीज़ बारों में
सीधे-सीधे गोली चलाकर हत्या करने जैसा कुछ नहीं

बन्दूक़ जैसे मूर्त हथियारों का काम क्या ज़्यादा
रात के अँधेरों में होते थे जो काम
उन्हें अँधेरों की ज़रूरत नहीं अब

हर किसी की सहमति है नृशंसता को
ऑब्जेक्टिव क्वश्चन्स के सहारे हर कोई पा
लेना चाहता है पास मार्क
दूसरों के जुर्मों की सज़ा भी एक अनभिज्ञ अनुबन्ध है
ऑपरेशन के बाद आपकी अँतड़ियों में कैंची भूल जाए डॉक्टर
लापरवाही को दोष न माना जाए

यह कोई ख़ब्त है झक
एक पगलेटनुमा जो रात तारों की शुमारी करे

ज़िन्दगी में जितने दिन नहीं देखे
उनसे कहीं ज़्यादा कारण हैं मेरे पास
जिन पर कुढ़ा जाए केवल
धीरे-धीरे चिड़चिड़ा बना जाए

कार्पोरेट मीटिंग

बुद्धिमान लोगों की तरह बोलो
नहीं तो ऐसा बोलो
जिससे आभास हो कि तुम बुद्धिमान हो

बोलने से पहले
उन तलवारों के बारे में सोचो
जो जीभों को लहर-लहर चिढ़ाती हैं

यह भी सोचो
कि कर्णप्रिय सन्नाटे में तुम्हारी ख़राश
किसी को बेचैन कर सकती है
कई संसारों में सिर्फ़ एक ध्वनि से आ जाता भूडोल

खुलो मत
लेकिन खुलकर बोलो
अपने बोलों को इस तरह खोलो
कि वह उसमें समा जाए
वह तुममें समाएगा तो तुम बच जाओगे

बोलने से पहले ख़ूब सोचो
फिर भी बोल दिया तो भिड़ जाओ बिंदास
तलवारें टूट जाएँगी

ठगी

वह आदमी कल शिद्‌दत से याद आया
जिसकी हर बात पर मैं भरोसा कर लेता था
उसने मुस्कुरा कर कहा
गंजे सिर पर बाल उग सकते हैं
मैंने उसे प्रयोग करने का ख़र्च नज़र किया
(मैं तब से वैज्ञानिक क़िस्म के लोगों से ख़ाइफ़ हूँ)

उसने मुहब्बत के किसी मौक़े पर
मुझे एक गिलास पानी पिलाया
और उस श्रम का क़िस्सा सुनाया निस्पृहता से
जो उसने वह कुआँ खोदने में किया था
जिसमें सैकड़ों गिलास पसीना बह गया था

एक रात वह मेरे घर पहुँचा
और बीवी की बीमारी, बच्चों की स्कूल फीस
महीनों से एक ही कपड़ा पहनने की मजबूरी
और ज़्यादातर सुम रहने वाली
एक लड़की की यादों को रोता रहा
वह साथ लाई शराब के कुछ गिलास छकना चाहता था
और बार-बार पूछता
भाभीजी घर पर तो नहीं हैं न

वह जब-जब मेरे दफ़्तर आता
तब-तब मेरा बॉस मुझे
बुलाकर पूछता उसके बारे में

उसके हुलिए में पता नहीं क्या था
कि समझदार क़िस्म के लोग
उससे दूर हो जाते
मुझे भी दूरियों के फ़ायदे बताने

जो लोग उससे पल भर भी बात करते
उसे शातिर ठग कहते
मुझे वह उस बौड़म से ज़्यादा नहीं लगता
जो मासूमियत को बेवकूफ़ी समझता हो
जिसे भान नहीं
मासूमियत इसलिए ज़िन्दा है
कि ठगी भूखों न मर जाए

गैंग

अलग-अलग जगहों से आए कुछ लोगों का एक गैंग है
पान टपरी पर खड़े शोहदे हैं
ईंट-गारे पर पेट पालते धर्मगुरु
कुछ लेखक हैं, अजीब रंगों का
प्रयोग करने वाले चित्रकार और
हर ख़बर पर दाँत चियार देने वाले पत्रकार
नाक पर चश्मा चढ़ाए बैठे मैनेजर हैं जो
हर बात में ढूँढ़ ही लेते हैं दमड़ी से भरा बाज़ार
कुछ बहुत रचनात्मक क़िस्म के हैं
जो बताते हैं ठंडे की बोतल की एक घूँट सारे रिश्ते-नातों से ऊपर है
कुछ बड़े ही दीन-हीन
चौबीस घंटे जिनकी चिन्ता का मरक़ज़ अरोडा साहब की सैलरी है
कुछ लोग सातों दिन बड़े प्रसन्न रहते हैं
और समझ में नहीं आता कि शब्दकोश में दुख क्यों है
और कुछ की ख़ुशी केवल वीकेंड में आती है
चिकनी छाती और मज़बूत भुजाओं वाले कुछ नट हैं
एक ख़ास ढब वाली स्त्रियाँ हैं जिनके घरों में रोते हुए शिशु नहीं होते

कई लोग हैं
जो टारगेट पर दाग़ी मिसाइल की तरह सीधे आ गिरते हैं
कइयों के पास दुनिया को व्यवस्थित करने के हज़ारों फंडे हैं
कुछ लोगों के होंठों पर शिवानन्द स्वामी के काव्य हैं
कुछ के गले में कुमार शानू के गीत

यह गैंग हमारे समय की बड़ी प्रतिभाओं का प्लेटफ़ार्म नम्बर वन है
यह गैंग किसी भी हँसते-खेलते देश के सीने पर सवार हो जाता है
और किसी भी अंगड़ाती नदी पर डंडा मार उसे छितरा सकता है
यह गैंग मुझे जितनी बार बुलाता है
मेरा दिल धक् से रह जाता है

लुक्खे

छोटे ऑटो रिक्शा तिपहिए और तिपहिए
टैम्पो की आबादी बढ़ी है बहुत
तिपहिए टैम्पो जिन्हें यहाँ कहा जाता है डुक्कर
जिनकी थूथनें सूअर की तरह निकली होती हैं तीन हाथ बाहर
भोपाल में भी चलते देखा था इन्हें एक-दो-डेढ़ रुपए किराए में
पॉलीटेक्निक बानगंगा जवाहर चौक के गिर्द
कल्याण स्टेशन के सामने खड़े रहते हैं ठीक
पुलिस चौकी के सामने बने स्टैंड में
और चौड़ी सड़क के उतने ही हिस्से को छाँप खड़े ऑटोवाले
ऑटोवालों और डुक्करवालों में दोस्ती जितनी दुश्मनी ज़्यादा
डुक्करवाले चार रुपया सीट लेते हैं रोज़मर्रा
वाले चढ़ते हैं लोकल से छूटनेवाले
मेल या एक्सप्रेस ट्रेन से आते हैं जो परिवार
बड़ी दूर से सामान-असबाब के साथ
उन्हें अपने शहर में स्टैंड तक ही नहीं जाना होता
उससे भी आगे घर तलक अपने

एक गोरा चिट्टा दुबला बाईस-तेईस का
जिसके साथ हैं पाँच लेडीज़ और दस-बारह नग सामान
जिनके असबाब को दो कुली ढोकर लाए थे यहाँ तक
जाना है उल्हासनगर दो नम्बर गोल मैदान के आसपास कहीं
उनका सामान न तो स्टैंड-भूमि में है न ही सड़क पर
बिलकुल बीच में है दोनों के
वह पूछ रहा है ऑटोवालों से अपना सामान अपने लोग दिखाकर
बहुत ग़ौर से देखता है उसका सामान

दस-बारह नग ट्रक से उतारा माल लगता है
ये पाँच लेड़ीज़ साथ हैं एक की उम्र ज़्यादा है माँ होगी
एक होगी इसकी बीवी बाक़ी बहनें या
सम्भव है ऐसा कोई रिश्ता ही न हो उनमें
एक ऑटो में नहीं जा पाएगा इतना सामान
कम से कम दो तो करना ही होगा
एक ऑटो का चालीस लूँगा दूसरा भी उतना ही लेगा
कहता है वह ऑटो चालक संचालक मुद्रा में
मेल ट्रेनें आती हैं बहुत दूर से और इतनी दूर से आया
आदमी थका-हारा होता है
पस्त सफ़र से बेताब घर पहुँचने को
इतने पचड़े इतने झंझट कर चुका होता है बीच
सफ़र दस-पाँच रुपयों
या दस-पाँच इंच जगह के लिए
कि बिलकुल अपने शहर के क़रीब पहुँच झगड़ा
करने का मन नहीं होता उसका थका हुआ
या बहुत आराम और आसानी से बिताया हो सफ़र
तो सोचता है कि इतना बड़ा सफ़र काट लिया
आराम से घर के मुहाने पहुँच क्यों किया जाए झगड़ा
या साफ़-साफ़ कहें कि
घर-परिवार के साथ चल रहा आदमी झगड़ों के क़ाबिल नहीं होता

कैसा है यह कच-कच करता हुआ जवान लड़का
इतनी लेडीज़ के सामने पन्द्रह-बीस
रुपयों का मुँह देखने से क्या फ़ायदा
और जवान लड़के तो होते भी हैं दरियादिल
पाँच का सात देने में कोई सानी नहीं उनका इस मुम्बई में
हाँ जवान लड़कियाँ बड़ी सताऊ
उनकी दो-चार गुज़ारिशों में ऑटो
का भाड़ा बीस से बारह हो जाता है
और एक ख़ूबसूरत जवान लड़की को अपने ऑटो में
बिठाने का सुख बैक मिरर में देख मिलता ही है

बुदबुदा रहे हैं बिलकुल पास पानपट्टी पर खड़े लुक्खे
धौंस मिली गुज़ारिश के बल पर उधार ली गई सिगरेट फूँकते

वह लड़का सफ़र की अपनी थकान के
ख़िलाफ़ कह रहा सिर्फ़ चालीस देगा पूरे सामान का
वह अब डुक्करवालों की तरफ़ बढ़ रहा है
जहाँ छह लोगों का किराया होगा मात्र चौबीस
लेकिन वे उसे उतारेंगे स्टैंड पर जहाँ से छह-सात
मिनट चलना होगा उसे पैदल
शायद उसे मंज़ूर है पैदल चलना या स्टैंड पर
खड़े मज़दूरों से उठवा लेगा सामान
कोई डुक्करवाला मान नहीं रहा उसकी बात
लगेज बहुत ज़्यादा है उसे जाना होगा ऑटो में ही
वे डुक्करवाले गाड़ी की डिग्गी खोलना नहीं चाहते
या नहीं चाहते नाहक़ ऑटोवालों से भिड़ना
वह ऑटोवाला बराबर पीछे लगा है
जिस डुक्करवाले के पास जाता है वह लड़का
वह पहले ही बोल पड़ता है हमारा पैसेंजर है
दो गाड़ी का अस्सी माँग रहे हैं हम खींचना मत यह सवारी
वह लड़का चीख़-चीख़कर पूछने लगा है एक-एक से

दुनियावी सफ़र से परेशान वह लड़का
मुक़ाम पर पहुँचाने वाले सफ़र की आख़िरी कड़ी को जोड़ रहा है
डर रहा है रात यहीं सड़क पर ही न गुज़ारनी पड़े
एक लुक्खा कहता है दूसरे से
वीटी में सड़क के आरी-आरी बैठते हैं जो हॉकर
सस्ते सामान लेकर चिल्लाते हैं कि देखने का
पैसा नहीं, देख के जाओ फोकट में
और जब कोई ग्राहक खड़ा हो देखता है उनका माल
बिना ख़रीदे ही चल पड़ता है आगे तो उसे
गरियाते हैं धुआँधार वे हॉकर
जेब में पैसा नहीं तो खड़ा नहीं होने देना चाहते वे किसी को

लुक्खे एक दूसरे को सुनाते हैं कई रोचक घटनाएँ
स्टैंड पर जमा हो रहे तमाशबीनों को देखते हैं

लड़के की लगातार बोलियों पर राज़ी हो जाता है
एक डुक्करवाला चालीस में
हालाँकि लड़का कहता है सोलह रुपए ज़्यादा ले रहे हो
लगेज उठाने बढ़ता है लड़का थोड़ा प्रसन्न
ऑटोवाला फिर खेल कर देता है डुक्करवाले को भड़का
गुस्से में तनतनाया लड़का चीख़ने लगता है
साले जाकर ऑटो चला अपना इसे क्यों है भड़काता
और लड़के के गाल पर पड़ती है एक आदिम चमाट
फिर सिर पर फिर पेट पर पता नहीं किस दिशा से
कितने हाथ पड़ रहे हैं उसके जिस्म पर
पलक झपकते ही दस-बारह ऑटोवालों ने लड़के
को पीटकर रख दिया

ऑटोवाला डपटता है उस डुक्करवाले को कहते हुए
ले जा ये पैसेंजर अपन नहीं ले जाएगा इसको
साला...आवाज़ करता है पीट डाला न लेडीज़ के सामने अपन ने
अपने साथियों के साथ खड़ा हो जाता है
उस लड़के के साथ आईं उन पाँच लेडीज़ को देख हँसते हुए
लेडीज़ के सामने मर्दानगी साबित करने के
प्रागैतिहासिक तरीक़े पर गर्वित है

एक मार खाया हुआ लड़का जो अस्सी रुपए नहीं दे सकता
या नहीं देना चाहता
उठता है आहिस्ता से लगेज उठाकर भरने लगता है
डुक्कर की डिग्गी में चुपचाप
धीरे-धीरे छँटते जाते हैं लोग
एक उत्तेजित लुक्खा बकता है ज़ोर-ज़ोर से
गालियाँ ऑटोवाले के नाम
वह उसे पीट देना चाहता है

बाक़ी उसे रोक लेना चाहते हैं
वे ध्यान से देखते हैं उस पिटे हुए लड़के को
जिसके गालों पर कोई निशान नहीं बना है
फिर पाँच लेडीज़ और इतने बड़े जनसमूह के सामने
पिट जाने के मतलब पर चर्चा करते हैं

वे बार-बार देखते हैं पिटे हुए लड़के को दुखी स्त्रियों को
मँझले दर्जे की शर्मिंदगी और दुख के बीच मुरझाते
जो जल्द निकल जाना चाहते उस रंगमंच से बाहर
पोंछ देना चाहते हैं अपनी स्मृति से उन मिनटों को
बिना नज़रें मिलाए सिर झुकाए बैठे हैं वे निष्प्राण
जिन्हें अकेलेपन की जाने किस खंदक में
ले जा रहा है डुक्कर अवाक् बनाकर

माउथ ऑर्गन

भूले को फिर याद करने के सिलसिले में
याद करता ढंग से माउथ ऑर्गन बजाना
देर तक की पीं-पीं
सुनता भाषा सीखने के क्रम में
ता-ता करते बच्चे की कोशिश जैसे
कैलेंडर पर गोले लगे दिनों को
छोटे-छोटे छेदों से पार कर दूँ
ऐसे कि लय की गाँठ में बाँधूँ इलेक्ट्रॉनों-सी भटक-भवानी याददाश्त

बूढ़े के कमज़ोर फेफड़े बताते माउथ ऑर्गन बारे
टेप में लपेट लीं मैंने वे धुनें
सीधा-साफ़ जिन्हें छोड़ आया था वह तैरता हवा में
सुन जिन्हें याद आ जाती कोई बिसरेली हिचकी
पलट-पलट देखता पलटते रास्तों को
जिनकी दुर्गमता की सिंफनी बातों में कम्पोज़ करता
हवा में कुछ लिखती अरैंजर उँगलियों से

कहता टेढ़े-मेढ़े रास्तों पर चलते लगा हमेशा
सीधे बिलकुल सीधे
चला जा रहा सीधमसीधे

बार-बार चूमता अपने पैर वह आज
कहता हर नोटेशन पैर की तरह दिखता है
जिस पर सभ्यता के धड़ ने की है यह यात्रा
सिंथ के सारे बटनों पर अचानक उँगली फिराता

महज़ एक तार या बटन होता है गड़बड़
सदियाँ सरक जाती हैं उस तक पहुँचने में
बाक़ी सारे बटन तो महज़ बाक़ी बटन होते हैं

पीड़ा-भय को नहीं, छालों को दो मान्यता
महलों को नहीं मिस्त्री हाथों को
राम को मत दो शिवधनुष तोड़ने का श्रेय
विदेह शारंग को देख सको ऐसी दृष्टि पाओ
सुरों से नहीं असुरों से समझना
मिथिहास के सारे विदेह कोप नहीं क्यों
दैवीय षड्यंत्रों के भाजन हैं

जिसे वह बूझ नहीं सकता
धुएँ से आचमन करता है उसके आगे

एक काला बिलौटा अचानक सड़क बीच
भौंचक तकता है दौड़ती गाड़ियों को
उसके दिमाग़ का नहीं पता मुझे
शरीर का सन्तुलन वह खो रहा है
इस गाड़ी के नीचे आ जाएगा अभी
अभी एक टायर धमका गया है

भौंचक है बिलौटा भौंचक है
रफ़्तार के आगे बेबस है

भीतर और बाहर की देहरी पर बैठा मैं
रोक देता हूँ माउथ ऑर्गन बजाना
टेढ़े रास्ते हर किसी को नहीं लगते सीधे
शंख में फूँकी हर वायु ध्वनि नहीं बनती
फिर लगातार बजाता हूँ माउथ ऑर्गन तब तक
उस पार सलामत पहुँच जाए बिलौटा

अबूझ के समक्ष प्रार्थना का एक और पद है यह

जिससे लड़ना मुश्किल है
कैसे निभ सकती है मित्रता उससे
माउथ भी क्या है सिवाय एक ऑर्गन के
शत्रु हैं जो मेरे कभी नहीं दिखते
हर छेद से निकली फूँक उसे खोजा करती बस

लौट आने के इन्तज़ार में हम भूल जाते जिसकी दग़ाबाज़ी
त्वचा के मोम को बाल देखता छालों-विदेहों को उसके प्रकाश में
अन्तिम निर्वासन का पाथेय जमा करता है
पोटली में गठियाता है उन शब्दों को
जिन्हें चबाएँ तो देह में
उगल दें तो सड़क पर ख़ून बहा करता है
कितना समस्यामूलक है सरलीकरण यह
एक ही वक़्त में एक ही शख़्स नायक होता है खलनायक भी

देहरी पर बैठा मैं बजा रहा माउथ ऑर्गन
वह जो दिखता नहीं, बिलाया जाने किस तल
कैसे पहुँचूँ उस तक पहले बूझ तो लूँ
ज़रूरी है लाऊँ? वे प्रैक्टिकल किताबें बेस्टसैलर
इक्कीसवीं सदी के मैनेजमेंट गुरुओं की
जिनमें हो टेढ़े को सीधा जानने का हुनर साफ़मसाफ़

मालिक को ख़ुश करने के लिए किसी भी सीमा तक जानेवाला मानवीय दिमाग़ और अपनी नस्ल का शुरुआती जूता

राजकुमारी महल के बाग़ में विचर रही थीं कि एक काँटे ने उनके पैरों के साथ गुस्ताख़ी की और बजाय उसे दंडित करने के राजकुमारी बहुत रोईं और बहुत छटपटाईं और बड़े जतन से उन्हें पालने वाले राजा पिता तड़प कर रह गए और महल के गलियारों और बार्जों में खड़े हो धीरे-धीरे बड़ी हो रही राजकुमारी के पैरों से किसी तरह काँटा निकलवाया और हुक्मनामा जारी करवाया कि राज्य में काँटों की गुस्ताख़ी हद से ज़्यादा हो गई है और उन्हें समाप्त करने की मुहिम शुरू कर दी जाए पर योजनाओं के असफल होने और मुहिमों के बाँझ रह जाने की शुरुआत के रूप में ढाक बचा और ढाक के तीन पात बचे तो राजा ने आदेश दिया कि सारे राज्य की सड़कों और महल के पूरे हिस्से की ज़मीन पर फूलों की चादर बिछा दी जाए पर चूँकि फूल बहुत जल्दी मुरझा जाते हैं सो यह सम्भव न हुआ तो राजा ने अपने एक भरोसेमन्द मंत्री को इसका इलाज निकालने की ज़िम्मेवारी दी तो उस मंत्री ने बजाय सारी ज़मीन पर फूल बिछाने के राजकुमारी के पैरों पर ध्यान जमाया और नर्म कपड़े की कई तहों को चिपका कर मोटी-सी कोई चीज़ बनाई और राजकुमारी को पहना दी जिसके पार काँटा क्या, काँटे का बाप भी नहीं पहुँच सकता था और इस तरह एक आदिम जूते का निर्माण हुआ हालाँकि जूतेनुमा एक चीज़ बनाने वाले उस मंत्री क़िस्म के मानव ने राजकुमारी क़िस्म की किसी महिला के पैरों को काँटे से बचाने के लिए इलाज ढूँढ़ने से पहले ख़ुद भी कई बार काँटों को भुगता था और दूसरे तमाम लोगों के भी काँटा चुभते देखा था पर नौकर की जमात का वह व्यक्ति मात्र स्वामिभक्ति के पारितोषिक के लिए ही जूता बना पाया

नरीमन प्वाइंट

यहाँ पानी उबलता नहीं है

समंदर बँधा हुआ है
शाम यहाँ गिरती है औचक
चट्टानें बेमज़ा पड़ीं आलस में
इनके नीचे एक विशाल क़ब्रगाह है
लहरें आती हैं बारम्बार
एक चादर ओढ़ा जाती हैं पल-भर में उघड़ जाती है
जोड़ों में बैठकर ही हो सकता है प्रेम
कसक पलती है
धीरे-धीरे शबाब पर चढ़ती है
एक अकेले बैठे आदमी के दिल में

छोर पर इस रेलिंग है
दूर तक केवल समन्दर
उस पार तैरकर जाया नहीं जाता
गो यह जगह समन्दर का किनारा
तैराक यहाँ बहुत कम आते हैं
ओर को इस बड़ी सड़क है चमचमाती
एक पारदर्शी होटल है पहली मंज़िल पर इमारत के
कौन कुर्सियों पर बैठे खा रहा नफ़ासत से
दूर से पहचाना जा सकता है
समंदर के पानी में इसका अक्स नहीं बनता

एक लड़की वहाँ बैठी हुई है पता नहीं

उसे किसी का इन्तज़ार है
तरफ़ उस इमारतों से निकल कर दौड़ती भीड़
जगह यह उस भीड़ के बरक्स ख़ाली है
निगाहों में सबकी मछली की आँख है
मुँह या पूँछ या गलफड़ा किसी को नहीं दिखता
पास सबके जंगली लकड़ी की कमानें हैं
लोग कुछ रेलिंग पर बदन सटाए
लोग कई सफ़ेद निकर टी शर्ट में
जॉगिंग की थकान हाँफते
भटक रहे फुटपाथ पर
चेहरा पहचानते पास अकेली लड़की के ठिठकते

चिल्लाकर नाक से आवाज़ लगाते
सेंगदाने वाले सरकते
नारियल पानी के ठेले
सिगरेट बीड़ी पान की कुछ टपरियाँ

वहाँ कम्प्यूटर बज रहे होंगे
रंगीन मॉनिटरों पर हो रहा होगा हिसाब
दरबान मेटल डिटेक्टर लेकर तलाशी ले रहे होंगे
शायद ही विस्फोटक इस राह घुसते हों

रात रानी का नौलखा हार है
नियॉन बत्तियाँ चमकती हैं अर्धचन्द्राकार
शाम यहाँ रंगीन होती है
दिन बहुत ही उदास
ठीक माथे पर तपता रहता है सूरज
समन्दर के पेट में आग का गोला बनकर समा जाता है

यहाँ पानी उबलता नहीं है

तस्वीर में आमिर ख़ान के साथ मेरा एक रिश्तेदार

बहुत ख़ुश लगा पड़ा था और यहाँ-वहाँ देखते थोड़ा गर्व भी
अग़ल-बग़ल बैठे थे जो थोड़ा-थोड़ा कनखियों से झाँक लेते तो
सामने वाला पूरा का पूरा झुक पड़ा था और वह भी छिपाने का छद्म
प्रयास कर रहा था जभी मैंने पूछा
उस आदमी ने एक बार भी ना नहीं किया
तुम बता रहे हो जितनी आसानी से वह आ गया तुम्हारे पास
वह पूरा मुँह खोलकर बोला हाँ और
जितनी बातें वह बता चुका था फिर-फिर बताने लगा
कैसा लगा तुम्हें उस वक़्त
क्या तुम्हारे लिए घड़ी बन्द हो गई थी
उसने बताया मैंने उसे बहुत नज़दीक से देखा और
अनमनी नींद के सपने की तरह छुआ
उसकी हथेलियों से पसीना रिसता है
हमेशा मुस्कुराता है और ऑटोग्रॉफ बुक्स का सम्मान करता है
मेरे रिश्तेदार के कन्धे पर हाथ रखे आमिर ख़ान शान्त था
मेरे रिश्तेदार की ख़ुशी चार बाई छह के फ़ोटो से छलक रही थी
वहाँ एक फ़ोटोग्रॉफ़र था जो तुरन्त फ़ोटो निकालकर दे रहा था
मुझसे पहले कइयों ने खिंचवाया था
मुझसे मिलते समय वह बिलकुल घर का लगा
वह ईसा नहीं था पर उसके भीतर एक ईसा था
सही है जब भी जाऊँगा उसके पास वह नहीं पहचानेगा मुझे
कुत्ते उसके दरवाज़े पर हुल्लड़ करेंगे
यह तस्वीर दिखाने के बावज़ूद मुझे घर में नहीं घुसने देंगे
पर यही क्या कम है उसने तस्वीर खिंचवाई मेरे साथ
जब मेरा वह रिश्तेदार अपना स्टेशन आने के बाद

लोकल से उतर गया तो जाते-जाते अपनी प्रसन्नता फिर बाँच गया
वह तस्वीर के साथ क़ीमती ख़ुशियाँ लाया है
जिनकी छाँह में चाँदी की पट्टी पर नाचेगा
लोकल के धक्कों में लय ढूँढ़ेगा
कुछ दिनों तक सिर्फ़ एक पल में जिएगा

आज की रात तारे सबसे कम हैं

मैं कह सकता हूँ
कि आज की रात तारे सबसे कम हैं
और दिन जो अभी कुछ घंटों पहले गुज़रा है
उसकी धूप में बहुत ज़्यादा गर्मास थी
दूर जिस आदमी को ई-मेल लिखना
अरसे से टाल रहा हूँ
जो शायद अब नाम भूल गया हो मेरा
ने एक बार मुझसे पूछा था मेरे शहर के बादलों के बारे में
और मैंने लिखना बन्द कर दिया था
दुख के सबसे गहन क्षणों में मैंने कुछ पंक्तियाँ लिखीं
जिन्हें कविता मानकर इतराया
मुझसे पूछोगे तो कहूँगा
लोग अब बदल गए हैं
मुँह पर मूँछ नहीं
पूँछ उगा करती है
बुकशेल्फ़ की कुछ फ़ालतू किताबों को फेंक देना था
ज़रूरी किताबों को पढ़ने का मौक़ा इस जनम मिल जाए
कुछ लोगों से दोस्ती बनाए रखनी थी
कुछ हर शुक्रवार आकर पैसे कमाने के नये तरीक़े बता जाते हैं
उनकी सहानुभूतियों को दरवाज़े से ही लौटा देना था

एक अज़ीज़ जिससे मैं भागता फिरा
अब नहीं है
मौत एक बार फिर मेरी कँखौरियों से सटकर गुज़री है
जितनी लापरवाही है उतनी नहीं होनी चाहिए थी

सबसे हँसोड़ शब्द मेरे लिए निरर्थक हैं
और ज़ार-ज़ार रोने का उपक्रम भी
मुझे मान लेना चाहिए
जो मोलभाव कर रहा था उसमें अलौकिक शक्ति थी
जो मोबाइल हाथ में ले खा रहा था खाना
हद दर्जे का डरपोक
मैं 1930 के रूस में नहीं हूँ
कि जलती हुई झोंपड़ी को उम्मीद की निगाह से देखूँ
कुछ लोगों को इतना सतर्क नहीं होना चाहिए था
और कुछ लोगों को इतना ग़ाफ़िल
यह सड़क किनारे लगा हाट मेरे पुरखों की देन है
और यह टूटी हुई तिपाई
मेरी स्मृतियों को आगे वंशजों तक ले जाएगी
मैं बड़ी मछलियों को मारकर खा जाना चाहता हूँ
और एक अनन्त डकार की कामना करता हूँ

उधर मेरे पिता के बाल सफ़ेद हो रहे हैं और मेरे ग़ायब
वहाँ एक बूढ़ा होता लेखक इन्तज़ार में है
कुछ नए आएँ और मिलें
फ़िलहाल एक बेशर्म-सी उदासी है
और बुज़ुर्गियत का इन्तज़ार
जो यांत्रिक हैं उनके जोड़ जाम हो गए हैं
जो संवेदनशील हैं
वे छुईमुई की मौत में लजा रहे हैं

मैं कह सकता हूँ
मेरे पास कुछ दुखद सूचनाएँ हैं
मेरा मुँह खुलना तय है
तुम अपनी आँखों पर
छींटे मार लो

महज़ रिवायत
[जॉर्ज माइकल के गीतों के लिए]

तुम्हारे साथ कभी नाच नहीं सकता अब
मेरे पैरों में थकान है, थिरकन नहीं
सबसे आसान है स्वांग करना
उसको पकड़ पाना सबसे मुश्किल

कितना बौड़म हूँ
यह भी नहीं जानता
आग पर बर्फ़ रखने की कोई क्षमा नहीं
तवे पर छन्न की
छल के बदले क्या मिलता है
आँख चुराना सबसे बड़ी चोरी है

जानने का अवसर सिर्फ़ एक बार आता है
बाक़ी मुलाक़ातें तो महज़ रिवायत हैं

फ़िज़ूल

[राजेश जोशी के लिए]

हम उन शब्दों का दर्द नहीं जान सकते
जिन्हें हमने कविता में आने से रोक दिया

हमने कुछ क़तारें बनाईं कोई लम्बी कोई छोटी
हम नहीं चाहते थे कि सब एक जैसी दिखें
हम तीन-चार छोटी क़तारों के बाद एक लम्बी क़तार रख देते
दूर से ही पता चल जाता उन क़तारों में कुछ लोग हैं
जो फ़िज़ूल हैं चुहल कर रहे हैं उचक रहे हैं
डिस्टर्ब कर रहे हैं आसपास के लोगों को
देखो तो उनकी ध्वनियाँ भी कितनी फूहड़ हैं

हमने उनसे विनती की
जो बहुत मज़बूत थे और जगह छोड़ने को राज़ी नहीं
उनके हाथ जोड़े
जो बेहद कमज़ोर थे
उन्हें धकियाकर बाहर किया

इस तरह बनी एक सुन्दर दुनिया
और एक सुघर कविता

फ़िज़ूल लोगों और फ़िज़ूल शब्दों को
कविता और क़तार से बाहर
रात में एक साथ भटकते देखा जा सकता है

क़ीमती

किसी के लिए क़ीमती होती है घड़ी
किसी के लिए पाजामा
कवि के लिए
बहुत क़ीमती होता है उसका सन्नाटा

हज़रतमहल

तुम सचमुच एक महल हो
एक आलीशान नक़्क़ाशीदार महल
किसी सुल्तान के हरम की कोई ख़ातून
वक़्त की सरहदें लाँघ इस दौर में आई हो कोई रक़्क़ासा
इन्दर सभा की कोई बदबख़्त हूर हो पाकीज़ा
आब-ए-ज़मज़म तुम यहाँ मुम्बई क्यों चली आईं

किस पीर की बद्दुआ लगी थी तुम्हें
किस फ़क़ीर ने दिया था शाप
सैकड़ों किलोमीटर दूर फ़ैज़ाबाद की तंग गलियों में आबाद
तुम आ भी गईं तो अकेले
क्या मुम्बई ने तुम्हें दावत दी थी
गाड़ी के ज़नाना डिब्बे में जब तुम घुसीं
तो मग़रिब की नमाज़ का वक़्त था
और सफ़र की उस रात में
आशंकाओं की पच्चीकारियों से छिदी
वक़्त की किस खोह में मुहाज़िर की तरह पड़ी रहीं
किसी ने पूछा कहाँ जा रही हो
दिल की तिजोरी में कौन-से ख़्वाब छुपा रखे थे
जिन्हें तुमने जारी नहीं होने दिया

तुमने बिलकुल नज़दीक के सिनेमाघर में देखी नर्गिस
मधुबाला और नूतन मनीषा और जूही
तुम्हें कौन-सी कहानी दिखाई गई थी परदे पर
कितनी छुपा ली गई थीं परदे के पार

काश मधुबाला न बस सकीं मधुबालाएँ लौट सकी होतीं फ़ैज़ाबाद
घड़ी-दो घड़ी उनसे बात तो कर ली होती
किसके बहकावे में देखे थे सपने
मुम्बई में रहनेवाला तुम्हारे मुहल्ले का वह कौन था
जिसकी पहुँच अभिताभ से आमिर तक थी
जिसने चुटकियाँ बजा कई लड़कियों को पहुँचाया था अर्श पर
इतनी बड़ी मुम्बई में तुम कैसे खोजोगी उसे
कैसे पूछोगी बताइए भाईसाहब
हमारी बस्ती के आख़िरी मोड़ पर बिजली वाली दुकान के पीछे
रहने वाला गुड्डू या बन्ने या मुन्ना यहाँ कहाँ रहता है

वीटी पहुँचने के बावजूद
तुम्हें पता नहीं चला मुम्बई आ चुकी है
किसी के कहने पर ही उतरी थीं तुम
उतर जाओ यह आख़िरी स्टेशन है
इसके आगे नहीं जाती गाड़ी यहाँ से लौटती है केवल
उतरने के बाद धक् से नहीं रह गई होगी
किसी फ़ाख़्ता की तरह उड़कर आया होगा ख़ौफ़
एक झटके में न आया होगा ख़याल लौट जाने का

अनलिखी कविताओं में

[ग़ालिब, व्हिटमैन और शिंबोर्स्का के लिए]

मैं लिखता कि
हम अभी भी युद्ध के बीच रहते हैं
यातना कैंप हमारे शहरो-घर में
आसपास क़ब्रिस्तान
इन्तज़ार करती औरतें और
खेल के बाहर रोते बच्चे हैं

छल और कपट
अभी बीते दिनों की बातों में नहीं शामिल हो पाए
कवियों के सपनों के नुचे हुए पंख
बीनता हूँ मैं

मैं लिखता कि
इस धरती पर मैं अपने हिस्से के अपराध भी नहीं कर पाया
और सबके हिस्से की सज़ा मुझे दे दी गई

मैं यह लिखता कि
एक औरत को कपड़े न पहनने पर छेड़ा जाता है
एक औरत को पहनने पर

इस सिद्धान्त कि—
    सोते वक़्त भी जागता रहता है हमारा दिमाग़
को इस तरह लिखता—
    जागते वक़्त भी सोता रहता है हमारा दिमाग़

मैं लिखता कि
दक्षिणी ध्रुव अब सुदूर उत्तर में पहुँच गया है
और बारिश के दिनों में
न बच्चे गाते हैं न मेढक
मुझे गुदगुदी नहीं होती अब
मेरी काँखों से पसीना बहता है
पैर की कानी उँगली अब चप्पल से बाहर निकलती है

उन लोगों के नाम लिखता
जिनके हुक्म से हमेशा काँपती थी मेरी स्वतन्त्रता
प्यार लिखता उनको
जो मेरी परतन्त्रता पर एक धौल जमा जाते थे

उन घड़ियों को ज़रूर कोसता
जो अलार्म के वक़्त से पहले ही बन्द पड़ गईं

बिलकुल
मैं अपने नौसिखिएपन में लिखता
मुमकिन है उन्हें कविताओं की तरह नहीं लिखता
इस तरह लिखता जैसे
लिखा जाता है मनुष्य को
पर उस तरह नहीं
जैसे लिख दिया करते हैं ब्रह्मा

उस भाषा में
जिससे अजनबियों के शब्द समझे जा सकें
जो पीठ पर हाथ बाँधे अपनी ज़ुबान और हमारे कान से
निराश हो चुके हैं

उस हवा की बहान
जो घास पौधों छोटे पेड़ों और हड्डियों पर रहम करती है

उस पानी का गुण
जिसके छींटे-भर से टूट जाता है हज़ार बरस का उनींदरा

उनमें उस नींद का ज़िक्र होता
जो देह और छत के बीच कहीं तैरती है
वह आँसू होता
जिसके होने का सिर्फ़ अहसास होता है

एक इंच

कोई एक नाम ज़रूर होगा
इस पेड़ का
मेरे लिए पेड़ सिर्फ़ एक पेड़ है
फूल सिर्फ़ एक फूल

रास्ते ने ओढ़ रखी है
झरते फूलों की चादर

कहाँ रखूँ अपने क़दम
काश! मैं ज़मीन से एक इंच भी ऊपर चल सकता
इन अनाम फूलों को बचा लेता

काया

तुम इतनी देर तक घूरते रहे अँधेरे को
कि धुँधले उदास रंग भी चमकीले दिखने लगे
किताबों को ओढ़ा इस तरह
कि शरीर क़ाग़ज हो गया

कहते रहे मौत आए तो इस तरह
जैसे पानी को आती है
वह बदल जाता है भाप में
आती है पेड़ को
वह दरवाज़ा बन जाता है
जैसे आती है आग को
वह राख बन जाती है

तुम गाय का थन बन जाना
दूध बनकर बरसना
भाप बनकर चलाना बड़े-बड़े इंजन
भात पकाना
जिस रास्ते को हमेशा बन्द रहने का शाप मिला
उस पर दरवाज़ा बनकर खुलना
राख से माँजना बीमार माँ की पलँग के नीचे रखे बासन

तुम एक तीली जलाना
उसे देर तक घूरना

अलोना

लिखा जाए
लिखा जाए
इस तरह लिखा जाए
बहुत हो चुका मीठा-मीठा
जो मीठा है उसको नीम लिखा जाए

झूठ एक दर्शन है
किताबों में फ़िल्मों में कैसेट में सीडी में सिगरेट पान बीड़ी में
चिनाब में दोआब में ताम्बई शराब में मेरे समय के हिसाब में

जिन दिनों मैं जिया
उसे साफ़-साफ़
बहुत साफ़-साफ़
ख़राब लिखा जाए

चिह्न नहीं बिम्ब नहीं कोई लघु प्रश्न नहीं
जो कुछ है—चकाचौंध सब कुछ विशाल है

जिसे कहा गया सलोना
उसे रखो जीभ पर
क्या ग़लत होगा उसे
अलोना लिखा जाए

मुम्बई नगरिया में मेरा ख़ानदान

पिता पचपन के हैं पैंसठ से ज़्यादा लगते हैं
पच्चीस का भाई पैंतीस से कम का क्या
इक्कीस का मैं तीस-बत्तीस का दिखता हूँ
माँ-भाभी भी बुढ़ौती की देहरी पर खड़े
बिलकुल छोटी भतीजी है ढाई साल की
लोग पूछते हैं पाँच की हो गई होगी

पता नहीं क्या है परिवार की आनुवंशिकता
जींस डीएनए आरबीसी डब्ल्यूबीसी हीमोग्लोबीन हार्मोंस ऊतक फूतक सूतक
क्या कम है क्या ज़्यादा
धूप में रखते हैं बदन का पसीना
या पहले-चौथे घर में बैठे वृद्ध ग्रह का कमाल

चिकने चेहरों से भरी इस मुम्बई नगरिया में
मेरा ख़ानदान कितना संघर्षशील है सो अ-सुन्दर है

अभी कल ही तो भुजंग मेश्राम पूछ कर गया
उम्र से अधिक दिखना
औक़ात से अधिक दिखना होता है क्या?

अभी कल ही तो पूछ कर गया था भुजंग मेश्राम
माइला...ये पचास साल का लोकतन्त्र
उन लोगों को कायको पाँच हज़ार का है लगता

जब जाऊँगा

लौटकर जाऊँगा
भतीजी की तुतलाहट ख़त्म हो चुकी होगी
सड़क से नहीं दिखेगा घर
कुछ इमारतें और खड़ी हो चुकी होंगी बीच
माँ पूछेगी सिगरेट पीना कम किया क्या
हाथ में बाल्टी लिये भटक रहे होंगे पिताजी
पानी तब भी समय पर नहीं आता होगा

मद्रासी पानवाला हँस देगा
पहचान सभी जाएँगे कोई नहीं पूछेगा सिर के बाल उड़ रहे हैं
आँखों के नीचे झाँइयों की कहानी कोई नहीं सुनेगा
पास-पड़ोस की लड़कियाँ ब्याह गई होंगी
परदे से ढाँप रही होंगी दरवाज़ा
दाब रही होंगी कोई बेचैन सुबक

कुछ रिश्तेदार मर चुके होंगे
घरवालों ने ज़रूरी भी नहीं समझा होगा
फ़ोन पर ख़बर देना

कभी-कभार याद कर लेते होंगे दोस्त
उनसे घर पर मिलना नहीं होगा
स्टेशन के बाहर किसी मॉल के नीचे करूँगा इन्तज़ार
अचानक एक एसएमएस आएगा
सॉरी यार अगली बार
और मैं एक इवनिंगर लेकर सड़क पार करूँगा

पहचानी जगहों से गुज़रूँगा
फलाँ जगह, फलाँ चबूतरा, और शरबत वाली फलाँ दुकान खोजूँगा
एक जैसे दिखने वाले अजनबी
शॉपिंग कॉम्प्लेक्सों से बाहर आने का रास्ता पूछूँगा

कोई बता भी नहीं पाएगा
गिर जाने से पहले एक खँडहर की दीवार
कुछ देर थमी रही होगी
कट जाने के बाद भी कुछ दिन
हरी बनी रही होंगी पत्तियाँ एक पेड़ की
इस उम्मीद में कि मैं आ जाऊँ
और आख़िरी बार उसे देख लूँ हरा

पुराने प्याऊ पर लगे मटमैल काँच के सामने खड़ा
पूरे शरीर का एक्स-रे करूँगा
इतने समय में भीतर कितनी हड्डियाँ टूट गईं

एलियन

उगता हुआ सूरज उस औरत की तरह लगता है हमेशा
जो सुबह उठकर चाय के लिए पानी गर्म करती है

कार, बस, ट्रेन और हवाई जहाज़ में
विंडो सीट पर बैठने की ज़िद करता हूँ हमेशा
बाहर देखते हुए नए सिरे से जाँचता हूँ पुरानी बात
कि धरती और आसमान सब जगह एक ही हैं

रुदन को पवित्र मानते हुए भी
खेल से बाहर रोते बच्चों को खिझाता हूँ हमेशा
उनकी पीठ पर मारता हूँ एक धौल
इस तरह अभ्यस्त हो जाएँगे वे
पीठ पर वार झेलने की रिवायत से

छोकरों से भरी जीप में से मस्ती में निकला कोई हाथ
धक्का देकर गिरा देता है साइकल से
क़तार में पीछे से मारता है कोई सिर पर टपली
उठकर झाड़ता हूँ कपड़े सहेजता हूँ साइकल
सिर घुमाकर पीछे नहीं देखता
आँखें मूँद बुदबुदाता हूँ कोई प्रार्थना हमेशा
तुम तक लौट जाएँगी तुम्हारी गालियाँ और सारी गोलियाँ

तमाम गुस्सैल अचरज करते हैं
मुस्कुराते हैं रूहानी लोग

मेरे लिए नहीं खुलते आत्मा के दरवाज़े कभी
उसकी चाभी को स्त्रियों ने वक्षों के बीच छुपा रखा है

गाल, ज़मीन और उँगली की पोर पर पड़े आँसू को
ग़ौर से देखता हूँ फिर डायरी में नोट करता हूँ
आँसू की कोई परछाईं नहीं होती
वह पृथ्वी पर बाहर से आया कोई जीव है

फीलगुड

कोशिश करता हूँ किसी भी अभिव्यक्ति से
किसी को भी ठेस न पहुँचे

जिस पेशे में हूँ
वहाँ किसी गुनाह की तरह
कठिन शब्दों को छाँट देता हूँ
कठिन वाक्यों को बना देता सरल
जबकि हालात दिन-ब-दिन और कठिन होते जाते
मैं समय का सम्पादन नहीं कर पाता

कितना ख़ुशक़िस्मत हूँ
एक जीवन में कितनी स्त्रियों का प्रेम मिला
कितने मित्रों कितने बच्चों का
प्रेम के हर पल से जन्म लेता हूँ
पल-बढ़कर प्रेम की ही किसी आदिम गुफा में
छिप जाता हूँ धीरे-धीरे मृत होता

कन्धे झिड़क कहता हूँ ख़ुद से
एक जीवन और चाहिए पाया हुआ प्रेम लौटाने को

घृणा की वर्तनी में कोई ग़लती नहीं होती मुझसे
नफ़रत में नुक़्ता लगाना कभी नहीं भूलता

प्रेम कविता

आत्महत्या का बेहतरीन तरीक़ा होता है
इच्छा की फ़िक्र किए बिना जीते चले जाना
पाँच हज़ार वर्ष से ज़्यादा हो चुकी है मेरी आयु
अदालत में अब तक लम्बित है मेरा मुक़दमा
सुनवाई के इन्तज़ार से बड़ी सज़ा और क्या

बेतहाशा दुखती है कलाई के ऊपर एक नस
हृदय में उस कृत्य के लिए क्षमा उमड़ती है
जिसे मेरे अलावा बाक़ी सबने अपराध माना

ताज़ीरात-ए-हिन्द में इस पर कोई दफ़ा नहीं

लोकतन्त्र

फल-सब्ज़ी लेते समय मुझे सिखाया गया है
फल-सब्ज़ी को चुनना
इस चुनने पर एतराज़ नहीं ठेलेवालों को भी
मैं बहुत छाँट-छाँटकर चुनता भिंडी
पाती उठा निहारता दस बार गोभियों को
चमकते सेबों को सूँघकर जाँचता
झाँकता प्याज़ के सिर कितनी चकरी बनती हैं
लौटकर आता और पाता
चुनने की निरर्थकता
सेब सड़े आलू में बदल चुका होता
प्याज़ से आती सदियों पुरानी बू

चोर गली

कुछ कहते हैं
कविता में इन शब्दों को मत आने दो
मुझे याद आ जाता है नासिक का काला राम मन्दिर
जहाँ द्वार पर खड़ा बाभन कहता था
इन लोगों को मन्दिर में मत आने दो

सच बताओ
कभी देखा है विजेताओं को शरणस्थली की तलाश में
वर्षों दशकों शताब्दियों सहस्राब्दियों की चोर गली में
छुप-छुपकर इस तरह चला करते हैं पराजित ही

सूचकांक जो बढ़ते जाते हैं
कूदकर मरने का विकल्प बचाए लोगों को ताकि
एक नई ऊँचाई मिल सके कूदने के वास्ते

ख़ुद तय कर लो क्या अहम है
जो कहा गया या
जो समझा गया

यह पराजितों का डिस्को नहीं
कहे गए और समझे गए के बीच चोर गली में
थिर है पाठ से छूट गई पंक्ति
जो पराजित थे वही तो सही हैं

मर्दुमशुमारी

शहर एक बुरी हवा था
मुहल्ले-पाड़े जैसे आँच के थपेड़े
बुख़ार के फेफड़ों से निकली
उसाँसें थीं गलियाँ

जीवाणुओं की तरह रहते लोग
जिनकी आबादी का पता
दंगों, भूकम्पों और बम-विस्फोटों में मारे गयों
की तादाद से चलता

बरामदों में टँगे कपड़े
कपड़े नहीं मनुष्य थे दरअसल
सूखते हुए
इसी तरह जोड़े से छूट गई अकेली चप्पलों, टूटी साइकिलों, बुझ चुकी राहबत्तियों
सेंगदाने की पुल्लियों, गिरकर आकार खो चुके टिफिन बक्सों, उड़ते हुए पुर्जों
चलन खो चुके शब्दों-सिक्कों
और अपने गिरने को बार-बार स्थगित करते
अनाम तारों को भी
मनुष्य मानना चाहिए

सुने जाने के इन्तज़ार में हवा में भटकती सिसकियों को भी

इस तरह करें मुर्दुमशुमारी
तो उन लोगों की तादाद कहीं ज़्यादा है
जिन्हें हमें मनुष्य मानना है

जितने लोग मरते
उतने ही पैदा हो जाते
आम बोलचाल में इसे उम्मीद का
समार्थी कहा जाता

पर जैसा कि मैंने बताया
शहर एक बुरी हवा है
(पानी का ज़िक्र तो मैंने किया ही नहीं
पाड़े के नलके पर सिर फूटा करते हैं पानी पर
वह अलग
भले उसे सूखकर हवा बन जाना हो एक दिन
अच्छी, बुरी जैसी भी)

जाने कौन सदी से बह रही है ये हवा

बच्ची की कहानी

उसकी कहानी में कोई भी आ सकता है
पर उसका जाना वह ख़ुद तय करती है

गुड़ियों से खेलती है क्ले से फूल बनाती है
ज़्यादातर समय आप उसे कम्प्यूटर या काग़ज़ पर
चित्र बनाते या रंग भरते देख सकते हैं

उसकी साँस से फूलती है उसकी कहानी
और धीरे-धीरे एक गुब्बारा बन जाती है
उसकी दुनिया की चीज़ें उसमें कम ही आती हैं
मसलन वह एक चोर पुलिस और राजा की कहानी सुनाती है
और मैं उसमें खोजता हूँ गुड़िया क्ले फूल या रंग
उसकी दुनिया कितनी है दुनिया में कोई नहीं जान सकता

फिर हाल में देखी किसी फ़िल्म का जोकर आ जाता है
फिर कोई भूत, कृष्ण, राम, रावण, और हाँ, त्रिजटा भी
बाढ़ आग और गोलियाँ भी ख़ूब आती हैं
उसमें सब लोग झूठ बोलते हैं और अपने बदले दूसरे को सज़ा दिला देते हैं

मैं उससे कहता हूँ
दुनिया में सबसे ज़्यादा प्रेम करता हूँ तुमसे
ऐसा मैं जीवन में जाने कितनी स्त्रियों से कह चुका
माँ, बहनों, पत्नी, प्रेमिकाओं, भाँजियों, भतीजियों से
उसकी ख़ुशी देखते बनती है
एक अबोध हँसी के आगे ध्वस्त हो जाता है बार-बार कहा एक वयस्क झूठ

वह इसी संवाद को अपनी कहानी में नत्थी कर देती है वैसे ही
जहाँ एक पिता अपनी बच्ची से नहीं
एक राजकुमार अपनी राजकुमारी से कहता है इसे

राजकुमार लौटकर नहीं आता
बाग़ झुलस जाते हैं नदियाँ सूख
उसके किरदार एक-एक कर मरते जाते हैं
अन्त में कहानी में कोई ज़िन्दा नहीं बचता

मैं सोचा करता हूँ
क्या वह अपनी कहानी सुनाती है?

अभी आधा काम बाक़ी है तुम्हारा

विष्णु खरे

गीत चतुर्वेदी नामक व्यक्ति ('इंडीविजुअल', जिसका मराठी पर्याय 'इसम' मुझे कहीं अधिक उपयुक्त लगता है), या वही इसम जब गीत चतुर्वेदी नामक कवि के रूप में स्वयं को प्रस्तुत करता है, तो यदि अपनी कृति में वह अपना कोई अक्स, छवि या 'पर्सोना' रचता है–और हर लेखक वैसा कमोबेश करता ही है–तो वे किस तरह के होते हैं? उसके अपने उस निरूपण ('रिप्रेजेंटेशन') से, यदि वह मात्र 'कवयोचित' या 'शायराना' दंभ, 'हुब्रिस', आत्मपावनता, आत्मदया या अदाकारी से प्रेरित न हुआ, और शस्ति ('ब्लर्ब') के रूप में दिया गया उसका जीवन-वृत्त पर्याप्त न हुआ, तो उसके पाठक-समीक्षक के सामने कुछ छोटी-बड़ी समस्याएं खड़ी हो जाती हैं। अपने जीवन के जो छोटे-बड़े पुर्जे, परखचे, किरचें या धज्जियां वह अपनी कविताओं में उड़ाता या बिखेरता चलता है, उससे उसकी अपनी ज़िंदगी और विराटतर जीवन के बारे में क्या जाना जा सकता है? उसकी उस टूटी हुई, बिखरी हुई 'आत्मकथा' के कितने ब्यौरे समझे जा सकते हैं और आख़िरकार उन्हें जानना-समझना क्या ज़रूरी भी है? फिर यह कौन तय करेगा कि उसके वे वृत्तांत और इक़बाल असली और ख़ालिस ही हैं और उनके ज़रिये जो कहा जा रहा है, वह उसके निजी जीवन में वाक़ई उतना ही ईमानदार और पारदर्शी है, तो क्या उसके सर्जनात्मक जीवन में भी वैसा ही है? एक आत्यंतिक प्रश्न यह भी किया जाता रहा है कि अपने सृजन में लेखक जिन मूल्यों के ऐलान, दावे और संघर्ष करता दिखाई देता है, वे उसके निजी जीवन और लोक-व्यवहार में स्पष्ट दिखाई देने चाहिए या नहीं? क्या सर्जक हाथी के खाने के दांत कुछ और तथा दिखाने के दांत कुछ और होते हैं और यह आग्रह न किया जाए तो बेहतर दोनों एक ही हों, क्योंकि एक राय यह भी है कि इस द्वैत से न तो जीवन पर कोई फ़र्क़ पड़ता है और न सृजन की गुणवत्ता पर, लिहाजा इस परवर्ती के मूल्यांकन पर कोई दुराग्रही असर नहीं पड़ने देना चाहिए।

आत्मचित्र, आत्मवक्तव्य या स्वीकारोक्ति की दृष्टि से गीत चतुर्वेदी की कविता 'सेब का लोहा' का विश्लेषण हितकारी हो सकता है। कवि स्वयं को लोहे

का वह दाग़ कहता है, जो चाक़ू से काटे जाने पर सेब पर उभर आता है, या वह चिनगारी जो पटरी पर रेल के पहिए के गुज़रने से छिटकती है। दाग़ या चिनगारी को लोहा नहीं कहा जा सकता, दोनों कमोबेश भंगुर होते हैं, सेब का स्वाद बदल सकता है, स्फुल्लिंग से पटरी के किनारे आग लग सकती है, लेकिन यह लोहे के साथ एक अंत:क्रिया के बाद ही संभव है–'लौट आ ओ धार' की तरह दाग़ या चिनगारी वापस लोहा नहीं बन सकते। कविता यूनानी मिथक-प्राणी प्रोतेउस की तरह कई आकार लेने लगती है, जिनमें स्वयं काव्य-कर्म पर कवि की टिप्पणी शामिल है। जब कवि यह कहता है कि वह भूख, विनाश, भय और त्रासदी से बना है, जिसके लिए मात्र एक अनुभव अपर्याप्त है, तो यह इतनी जटिल निर्मिति है कि उसे अभिव्यक्त करने, समझने-समझाने के लिए मात्र एकायामी शब्दार्थ पूरे नहीं पड़ते–यही नहीं, कवि, पाठक और आलोचक के लिए कोरी, सूखी सदाशयता भी बहुत दूर तक काम नहीं आती। अपनी विनम्रता में कवि कहता है कि उसकी इस बनावट में थोड़ा-सा मनुष्य भी है, जो लिखता है और गाता है और जब उससे उसका सामना होता है, तो भटकने को अभिशप्त होता है। कवि को अपने कम से कम तीन होने का अहसास है–'मैं' और वह किंचित् मनुष्य जो लिखता-गाता है और एक और कोई भी उसके भीतर रहता है, लेकिन यह महज़ बौद्धिक, आध्यात्मिक या विज्ञान-कथा बहुआयामिता नहीं है, उसमें एक नागरिक-राजनीतिक चेतना भी है, जो अपराध-बोध से अछूती नहीं है, क्योंकि वह कहीं राजनीतिक उदासीनता से ग्रस्त है, जो एक ख़तरनाक आत्महंता राजनीतिक नासमझी की ओर ले जाती है और हर इच्छा को एक शहरी ग़ैरजानिबदारी में बदल देती है। इतिहास और उससे पहले के जीवन का बोध भी उसे है और उसकी भाषा अवशेषों की भाषा है। यह उसकी विवशता है, गर्वोक्ति, त्रासदी या स्वीकार कि वह कहता है कि उसे पढ़ना एक बहुधा पढ़ी गई पुस्तक जैसा सरल नहीं है–उसे आधा ही समझा गया है, पाठकों, समीक्षकों और 'ज़माने' के द्वारा उसे आधा और समझा जाना अभी शेष है।

पिछले कुछ अरसे से मैंने लगातार ध्यानाकर्षण की कोशिश की है कि एक प्रतिबद्ध जागरूक विश्वबोध के बिना अब न तो रचना पूरी तरह से संभव रह गई है और न ही उसकी परख-सराहना, और गीत चतुर्वेदी जैसे समकालीन प्रतिभावान सर्जक लगातार उसकी पुष्टि कर रहे हैं। लाख ऐसा लगता रहे कि कवि सिर्फ़ 'मैं' या 'स्व' की बात कर रहा है, लेकिन यह 'मैं' भी कई ख़ानों वाला पांडोरा का संदूक़ साबित होता है। 'फीलगुड' कवि की शायद सर्वाधिक आत्मकथात्मक कविताओं में से है–स्थूल स्तर पर वह यह संकेत देती है कि रचयिता एक पत्रकार

है, जिसका काम अपनी डेस्क पर दूसरों पत्रकारों-लेखकों के मैटर या कॉपी को संपादित करने का है, उनमें से कठिन शब्दों का इस तरह शिकार करना है मानो वे मुजरिम हों, लेकिन बाहर जो हालात हैं, वे डेस्क पर भी आ ही जाते होंगे, वे रोज़ कठिनतर होते जा रहे हैं, वक़्त की सारी चूलें ढीली हो रही हैं, जीवन और युग दुश्वार हैं, लेकिन यह जानने वाला कवि अपनी सीमाओं और विवशताओं में यह जानता है कि वह इस दुरूह समय को संपादित नहीं कर पा रहा है। संपादन के पेशे से गीत चतुर्वेदी जैसा संवेदनशील कल्पना-प्रवण कवि ही ऐसी अद्वितीय इक़बालिया कविता हासिल कर सकता था।

स्वीकारोक्तियां और भी हैं। नेरूदा की अनुगूंज वाले शीर्षक की 'आज की रात तारे सबसे कम हैं' कविता में कवि यह तो कहता है कि गहनतम दुख के लमहों में उसने कुछ सतरें लिखीं, लेकिन आत्मोपहास में वह यह भी स्वीकार कर लेता है कि वह जैसी भी बन पड़ी हों, उन्हें वह कविता समझकर इतराया। लोग बदल रहे हैं, जबकि उसे कई काम अंजाम देने थे, कई प्रेक्षण करने थे, जोड़ना-घटाना था, वह संवेदनशीलता की तात्कालिक मृत्यु को जानता है और इस तरह के ज्ञान के बाद वह कह सकता है कि उसके पास कुछ दर्दनाक जानकारियाँ हैं। उसे अफ़सोस है कि सड़क पर गिरी ख़ून की बूंदों को देखते हुए भी उसे दरिंदों का स्वागत करना पड़ता है, जो बदलना ही चाहिए वह बदलता नहीं है, अब अपने होंठ बंद रखने होते हैं, क्योंकि अपनी चीज़ों को चुन पाना अपने बस में नहीं रहा। ऐसी विवशता के बीच भी कवि अपनी विसंगति-भरा परिहास-बोध नहीं खोता-जब एक भलामानस उसके पास रो रहा होता है, तो वह पाता है कि अपना रूमाल वह आज घर ही भूल आया। वह स्वयं परिहास का शिकार तब होता है, जब वह यह देखकर शोकार्त हो जाता है कि लोग सरेआम अपने भ्रष्ट होने पर गर्व कर रहे हैं, अर्थ वेश्या हो चुके हैं, दुमें नर्तकियां, निरर्थकता बेतरह लौट-लौट रही है, तो उसके दुखी होने पर उसके हमदर्द समझते हैं कि उसे बेसाख़्ता अपनी बीवी याद आ रही है। इतिहास से गुज़रने का गीत चतुर्वेदी का तरीक़ा कुछ-कुछ चार्ली चैप्लिन-सा है और कुछ काल-यात्री (टाइम ट्रैवलर) सरीखा-उसमें सिद्धार्थ से लेकर अमीर ख़ुसरो और रज़िया सुल्तान तक हैं और इस लंबे सफ़र का मक़सद अतीत के करोड़ों लोगों को ठगी की इस सदी के बारे में आगाह करना था। मासूमियत का मुजरिम तारीख़ का यह संजीदा मसख़रा सिर्फ़ यह चाहता है कि उसके फटे जूतों का मख़ौल न किया जाए।

हम देख चुके हैं कि गीत चतुर्वेदी का काव्य-स्व कोई वायवीय, एकांतिक, आध्यात्मिक 'आत्मा' नहीं, बल्कि समय और समाज की पैदाइश है। जब 'पांच

रुपए का नोट' में वह बाबरी मस्जिद ढहाने वालों को अपने पिता द्वारा दिए गए दस रुपये के चंदे में अपने नासमझ कैशोर्य में अपनी तरफ़ से पांच रुपये और मिला देने का उल्लेख करता है, तो वह एक पारिवारिक या सामूहिक अपराध-बोध की स्वीकारोक्ति है। वे कौन-से दानिश्ता और अनजाने गुनाह और पाप हैं, जो ताज़िंदगी हमारी आत्मा को कुतरते रहेंगे और हमें दुःस्वप्नों से जगाते रहेंगे? क्या कोढ़ में खाज की तरह हमें अपने जुर्मों की पशेमान यादों में एक आत्मपीड़क बीमार लुत्फ़ आने लगता है? 'महाभारत' के अणिमांडव्य आख्यान में सोलह वर्ष की आयु से पहले किए गए 'पाप', 'पाप' नहीं माने गए हैं, लेकिन आज के कैशोर्य में वह निरपराध सरलता कहां? गीत चतुर्वेदी की यह कविता राहों के अलगाव और आत्म-मुक्ति की सूचना भी है। इस तरह प्रत्येक प्रासंगिक कवि-युवा या प्रौढ़-एक त्रासद, करुण, निर्भीक और प्रतिबद्ध ढंग से जागरूक होता चला जाता है।

वह देख पाता है कि हमारे समय में उस तरह की महत्वाकांक्षा हो, तो हर कोई नृशंसता को सहमति देने के लिए तत्पर है। इस ज़माने में अत्यधिक सच बोलना संकटों और दरिंदगियों को दावत देना है, जबकि ग़ुरबत और मजबूरी की इंतहा यह है कि कितनी ही औरतों को उन्हें उधार पर परचून बेचने वाले पंसारियों के साथ सोना पड़ रहा है। उधर जीविका या पेशे की तलाश करती युवा पीढ़ी इतनी महत्वाकांक्षी और प्रलोभनग्रस्त हो चुकी है कि वे नौजवान जो कल तक स्वयं को आख़िरी ईमानदार और नैतिक नस्ल कहते थे, अब किसी पिछली पुश्त में शामिल हो गए हैं।

●

अपनी प्रतिबद्ध विवेकशील विश्वचेतना में रघुवीर सहाय के बाद की समर्थ हिंदी कविता, जो दरअसल उनके सर्जनात्मक जीवन-काल में ही लिखी जाने लगी थी और उसका अहसास भी उन्हें था, समसामयिक, प्रतिभावान युवा कवियों द्वारा इस क़दर समृद्ध और अग्रेषित की जा रही है कि अपने पाठक, आस्वादक, समीक्षक और विश्लेषक के सामने अपूर्व, कभी-कभी तरद्दुद और सांसत में डाल देने वाली, किंतु शायद हमेशा रोमांचक चुनौतियां खड़ी करती जाती है। अपने जटिल सार-तत्व में भले ही आज ऐसा लगे कि मुक्तिबोध की कविता ही लगातार उसका प्रेरणा-स्रोत बनी हुई है, लेकिन वह मुख्यतः जाने-अनजाने 'महाभारत', कबीर, जायसी, वली, मीर, ग़ालिब, नज़ीर, निराला, स्वयं मुक्तिबोध, नागार्जुन, त्रिलोचन, शमशेर, भवानी प्रसाद मिश्र, विजयदेव नारायण साही आदि की उस दीर्घ, वैविध्यपूर्ण परंपरा से अपनी चेतना, ऊर्जा, दिशा, कल्पनाशीलता और प्रेरणा हासिल

करती है, जिसमें सायास-अनायास कई भारतीय और विश्व-भाषाओं के नये-पुराने कवियों का योगदान भी नकारा नहीं जा सकता।

केंद्रीय महत्व की बात शायद यह है कि यूं तो सार्थक कविता कभी भी मात्र 'काव्यात्मक' नहीं रही, उसने स्वभावतः 'शर्मिंदा-ए-मानी' या 'सर्व-स्वीकृत' होने से कुल मिलाकर इन्कार कर दिया क्योंकि अपने पाठक की प्रतिभा में आस्था रखते हुए उसने न तो उसका सरपरस्त बनना चाहा और न उसका मुसाहिब, किंतु जैसे-जैसे विश्व और समूची सृष्टि में गतिशीलता, विकासशीलता के साथ अपने होने का अहसास भौतिक, वैज्ञानिक, दार्शनिक, आध्यात्मिक और सर्जनात्मक रूप से उत्तरोत्तर पेचीदा होता चला गया, मानव की निजी और सार्वजनिक उपस्थिति जितनी द्वंद्वात्मक होती चली गई, सारे ज्ञान और शास्त्र जिस तेज़ी से विकसित होते रहे, अस्तित्व और आस्था के विविध संकट जिस तरह मंडराते-आते रहे-और यह सारी महाप्रक्रिया तब तक नहीं थमने वाली, जब तक प्रतिबद्ध विवेकशील 'मानवता' पृथ्वी पर या उससे परे अस्तित्व में है-वैसे-वैसे सारी मानवीय गतिविधियों और व्यापारों में समाहित और उन्हीं से उपजी चिंतनाएं और कलाएं, जिनमें कविता और साहित्य भी है, अधिक विस्तृत, व्यापक, सर्वात्मसाती, दर्पणवत्, अनुगूंजी तथा अपने योगदान में जटिलतर होती गई हैं और होती जाएंगी। यह काल-शर प्रक्रिया है, ब्रह्मास्त्र की तरह इसे लौटा पाना एक आत्महंता असंभवता है।

गीत चतुर्वेदी और आज की अधिकांश प्रासंगिक और उत्कृष्ट प्रौढ़ तथा युवा हिंदी कविता के किसी भी विश्वसनीय आकलन के लिए इसी वास्ते व्यष्टि और अस्तित्व की बारीकियों के साथ-साथ हिंदी, भारतीय तथा विश्व सभ्यता, संस्कृति और राजनीति के अतीत, भविष्य और विशेषतः वर्तमान को अधिकतम जानते रहना अब अनिवार्य हो चुका है। वहां भी समस्या यह है कि अधिकांश वर्तमान समूचे अतीत से नहीं, प्रासंगिक अतीत से बनता है, जिसे आप जीवंत मुख्यधारा अतीत कह सकते हैं। हम अतीत की जटिलताएं पहचानने लगते हैं और वर्तमान भी कम दुरूह होता दिखाई नहीं देता, इसीलिए यह शरारती जुमला सार्थक लगता है कि भविष्य अब वैसा नहीं रहा, जैसा पहले हुआ करता था। इतिहास को त्रिकालदर्शी कहा जा सकता है और उससे वाबस्ता अपनी कविता 'डेटलाइन पानीपत' में, जिसके शीर्षक का अंग्रेज़ी शब्द उसे न सिर्फ़ इतिहास बल्कि सारे समसामयिक सूचना-माध्यमों से जोड़ता है-हम देख आए हैं कि गीत चतुर्वेदी एक सजग पत्रकार हैं-कवि पुरातात्विक स्मृतियों से गुज़रता हुआ युद्धों और कंकालों तक पहुंचता है और हम जानते ही हैं कि पानीपत की लड़ाइयां कितनी निर्णायक रही हैं, लेकिन युग अब इतने बदल चुके हैं कि कुछ लड़ाइयां दिखती नहीं और जंग के लिए मैदान अब

ज़रूरी नहीं रहे। सोच और सुख में डुबोने वाली एक विडंबना यह भी है कि जिन युद्धस्थलों में देश का इतिहास बना-बिगड़ा, वे अब टूरिस्ट-स्पॉट बन चुके हैं, जहां बगो झूला झूलते हैं। क्या उन्हें विगत, वर्तमान और भावी पानीपतों से आगाह किया जाए? 'इतना तो नहीं' में किसी फटेहाल इब्न बत्तूता की तरह कवि कई युगों, सभ्यताओं, शासकों की उल्टी यात्रा किसी सज़ायाफ़्ता की तरह करता है। हिंदी के कई कवि इतिहास में गए हैं, लेकिन तारीख़ की यह पदयात्रा, जिसका मुसाफ़िर इसके लिए भी राज़ी है कि उसके ख़स्ता जूतों की जगह भले ही उसे एक नया जोड़ा न दिया जाए, उसकी क़ीमत ज़रूर ले ली जाए, हिंदी कविता में कुछ अनूठी है।

हालांकि गीत चतुर्वेदी कोई 'मिडनाइट चाइल्ड' नहीं हैं, फिर भी उनकी 'प्रश्न अमूर्त' सरीखी कविता इसका सबूत है कि वे 1947 के देश-विभाजन को 'भूले' नहीं हैं, लेकिन वह ऐसी दारुण स्मृति है, जिसमें कवि को शरणार्थियों से भरी एक ट्रेन उस पार से आती दिखाई देती है और वह यह बदहवास मांग करता है कि कोई ऐसी दवा बनाई जाए, जो सब कुछ भुला दे। वह अपनी भाषा की मौत देख पा रहा है। 'सिंधु लाइब्रेरी' भी एक ऐसी कविता है, जिसे 1947 से अलग करके देखा नहीं जा सकता-मुंबई में किसी सिंधी द्वारा स्थापित और संचालित, एक गिरने-गिराए जाने वाली इमारत में समय और दीमकों के आहार एक पुस्तकालय अवशेष के बारे में कई क़यास लगाता हुआ कवि भारतीय उप-महाद्वीप के विभाजनोत्तर इतिहास में जाता है, लेकिन वह उसे बंटवारे से लेकर विश्व की एक प्राचीनतम सभ्यता के लुप्त वैभव तक खींच लेता है। एक ऐसी क़ौम, जो तत्कालीन भारतीय तमद्दुन को हज़ारों कोस दूर इराक़ी, मिस्री और अन्य महानतम संस्कृतियों तक ले गई, जिसने युगीन सभ्य विश्व का शायद पहला 'ग्लोबलाइज़ेशन' अंजाम दिया, जो भौतिक रूप से अपने समकालीन आर्यों की अपेक्षा कहीं अधिक विकसित थी, जो अकारण क्रूरता से हिंदुओं और मुस्लिमों में बंटने को बाध्य हुई, जो अभी भी सौम्य, सुसंस्कृत और 'आधुनिक' है, वह अपना वतन छोड़कर अजनबी, क्षत-विक्षत भारत में मुहाज़िरों की तरह भटकने, बसने और सख़्त मेहनत के बाद पुनर्स्थापित होने पर विवश हुई। एक बर्बाद होती हुई लाइब्रेरी, उसे चलाने वाला एक अज्ञात व्यक्ति और ढहाए जाने के लिए अभिशप्त उसकी इमारत के अर्थबहुल चित्रों के ज़रिये गीत चतुर्वेदी कई अतीतों और वर्तमान के बीच एक धोखादेह जटिलता से आवाजाही करते हैं। वह सिंधियों के आव्रजन के बहुत बाद जन्मे हैं, लेकिन अपने बचपन में और उसके बाद तक उन्होंने इस बिरादरी को, उसके मरहलों को इतनी नज़दीकी और हमदर्दी से देखा है कि वे हमारे इधर के इतिहास की एक बहुआयामी कविता को संभव कर पाए हैं।

1990 तक विश्व और भारत इतने बदल चुके थे कि उस समय प्रौढ़ हो रहे या उसके बाद कविता के भूदृश्य पर आने वाले युवतर हिंदी कवि–जिनमें कवयित्रियां भी अनिवार्यतः शुमार हैं–देख रहे थे कि भले ही अपनी मौलिक प्रतिबद्धताओं में नहीं, किंतु विचारों और अनुभवों को प्रेरित, निर्मित और महसूस करने वाले स्तरबहुल ब्यौरों में मुक्तिबोध–रघुवीर युग कितना बदल चुका था और बदल रहा था। यह एक त्रासद संयोग है कि यदि मुक्तिबोध की अकाल–मृत्यु पर नेहरू युग समाप्त होता है, तो रघुवीर सहाय की वैसी ही अकाल मृत्यु के साथ सोवियत युग ध्वस्त होता है, इंदिरा–राजीव युग भी अपनी समाप्ति पर है और बाबरी मस्जिद ध्वंस की तैयारियां हैं, हालांकि राजीव गांधी ने जिन राजनीतिक–आर्थिक प्रवृत्तियों को जाने–अनजाने बोया था, उनकी पूरी, आंशिक रूप से ख़ूनी, फ़सल अभी आने को है। मुक्तिबोध तक भारतीय राजनीति एक–ध्रुवीय और विश्व राजनीति द्वि–या अढ़ाई–ध्रुवीय थी जबकि रघुवीर सहाय तक भारतीय राजनीति का बहु–ध्रुवीय, खंड–खंड लुम्पेनीकरण हो रहा था, इमर्जेंसी को जैसे देश भूल गया था और विश्व–राजनीति एक–ध्रुवीय हो चली थी। 1970 के दशक के प्रारंभ में ओपेक देशों द्वारा तेल के भावों के ज़रिये जो अप्रतिरोधी, पराश्रित, भूमंडलीकरण शुरू हुआ था, वह 1990 तक सक्रिय, एकतरफ़ा (अमेरिकी) वैश्वीकरण 'खुलेपन' और 'उदारीकरण' में बदल रहा था। एक विचित्र तथ्य यह है कि नेहरू–गांधी में एक निजी आस्था के कोने के बावजूद मुक्तिबोध 1960 के पूर्वार्द्ध के अंधेरे में मानवद्रोही प्रेतों का जुलूस देख पा रहे थे किंतु अपने कठिन संघर्ष और मृत्यु से साक्षात्कार के दौरान उन्हें अपने परिवार, अपनी लाज़िमी मौत और अपने देश को लेकर कोई गहरी निराशा नहीं है, जबकि हम नहीं जानते कि रघुवीर सहाय को अपने देहावसान का कोई प्रामाणिक पूर्वाभास था या नहीं, किंतु उनकी अनेक 'अंतिम' कविताएं अपनी या पत्नी की मृत्यु की आशंकाओं और इस देश तथा विश्व में अपनी संतति के अंधकार, दुर्गति, नैराश्य और त्रासदी से भरे देखे गए भविष्य को लेकर हैं। यदि दोस्तोइयेवस्की और गोर्की का एक भारतीय यौगिक संभव हो, तो वह मुक्तिबोध में मिलता है और रघुवीर सहाय में शायद डिकेंस, ज़ोला, प्रेमचंद और परवर्ती विषण्ण निराला देखे जा सकते हैं। अस्तित्व के रहस्यों की जो कोनराडीय प्रतीति मुक्तिबोध के यहां है, वह रघुवीर सहाय में सिर्फ़ मृत्यु–चिंतन के रूप में, और वह भी 'अंतिम' कविताओं में ही, दिखाई देती है। ब्रह्मांड और धरती के अनंत वैविध्य को लेकर कुछ अहसास कुंवर नारायण में दिखाई पड़ता है, लेकिन वह रोमांचक, औत्सुक्यपूर्ण, चिंतनशील ('स्पेकुलेटिव') या अपनी प्रतिबद्धता में ठोस कम, 'हिंदू' आध्यात्मिक अधिक लगता है। शमशेर के यहां यह

अध्यात्म गीतात्मकता लिए आता है और साही में उसमें एक कबीरी दार्शनिकता ज़्यादा है। भवानीप्रसाद मिश्र तुकाराम सरीखे सगुण संत-कवियों की भक्तमाल में रखे जा सकते हैं, जिनमें सब-कुछ एक मज्झिम निकाय की तरह मौजूद है। नागार्जुन और त्रिलोचन 'लोक' और 'इहलोक' के कवि हैं, कमोबेश यही केदारनाथ सिंह के बारे में कहा जा सकता है। ऐसे कवियों के रहते हुए ही श्रीकांत वर्मा, कैलाश वाजपेयी, विनोद कुमार शुक्ल, चंद्रकांत देवताले, ऋतुराज आदि ने अपने-अपने, भले ही इनमें से कुछ ने हमेशा श्रेयस्कर तरीक़े से नहीं, व्यष्टि और समष्टि, समाज, संस्कृति, चिंतन, राजनीति पर काव्य-विमर्श जारी रखा। यह परंपरा अब एक सकारात्मक विकास में मौजूदा हिंदी कविता के गीत चतुर्वेदी जैसे हस्ताक्षरों के यहां एक व्यापकतर प्रतिश्रुत अस्तित्व-बोध तक पहुंच चुकी है।

हिंदी में आज तक इसे लेकर कोई चर्चा या पड़ताल नहीं हुई है कि कोई पुस्तक या रचना किन्हें या किसे समर्पित की जाती है या उस पर कौन-सी पुरासूक्ति होती है और उसके पीछे कोई साहित्यिक 'रेआलपोलिटीक' होता है या कोई असली भावनात्मक कारण या सर्जनात्मक संकेत या सुराग़ होते हैं। टी. एस. एलिअॅट द्वारा अपनी महाकविता 'दि वेस्ट लैंड' को एज़्रा पाउंड को दांते की इतालवी में 'महत्तर शिल्पी' बतलाते हुए समर्पित किए जब कुछ दशक हो गए, तभी मालूम पड़ा कि उसे निर्ममता से संपादित-संशोधित कर बड़ी कृति बनाने में पाउंड की अकेली केंद्रीय भूमिका थी। सिर्फ़ ऐसे समर्पणों को किसी कवि के मूल्यांकन के लिए न तो पर्याप्त माना जा सकता है और न भरोसेमंद, लेकिन गीत चतुर्वेदी की समर्पण-युक्त कविताएं जिन्हें अर्पित की गई हैं, उससे कवि के कुछ रुझान, अनुभूति और बौद्धिकता की पहुंच और प्रतिबद्धताओं के इशारे मिलते हैं। 'आलू खाने वाले' वान गॉग (ख़ोख़) को नज़र की गई है जबकि 'पोस्टमैन' और 'नेरूदा और मातील्दा' महाकवि के जीवन और दांपत्य को समर्पित है। 'इलाही! है आस या तलास' सैक्सोफ़ोननवाज़ केनी जी के वास्ते है, 'सभ्यता के खड़ंजे पर' सुप्रसिद्ध प्रतिबद्ध गायक बॉब डिलन को याद करती है और यदि आप जागरूक पाठक हैं, तो आपको जोआन बाएज़ की भी याद आए बिना न रहेगी, 'अनलिखी कविताओं में' में ग़ालिब, व्हिटमैन और शिंबोर्स्का का आह्वान किया गया है, जबकि मात्र 'मदर इंडिया' शीर्षक भारतमाता, बंकिमचंद्र चटर्जी, कैथरीन मेयो, गांधी, नेहरू, हुसैन के चित्रों, देश की आज़ादी आदि को, और एक चाहे-अनचाहे व्यंग्य में निदेशक महबूब ख़ान और अभिनेत्री नर्गिस को, एक जटिल समसामयिक परिप्रेक्ष्य में पुनरुजीवित-पुनर्स्थापित करता है। 'बुरी लड़कियां, अच्छी लड़कियां' रॉक गायक मीट लोफ़ के संगीत को अर्पित है। 'एलियन' शीर्षक हमनाम

विज्ञानकथा फ़िल्मों का हवाला देता है। फिर कुछ ऐसी कविताएं हैं, जो अनाम उन लोगों के बारे में हैं, जिन्हें कवि नहीं जानता–'कोई बेनाम–सा' एक ऐसा लड़का था, जिसकी पहली गेंद पर कवि बोल्ड हो जाता था, 'बोलते जाओ' उस आदमी के लिए है जो अब भी अपनी क़ब्र में ज़िंदा है और उपरोक्त 'मदर इंडिया' उन दो औरतों के लिए थी, जिन्होंने कुछ दिनों तक शहर को परेशान कर दिया था। यदि हम ग़ौर करें, तो पाएंगे कि अनाम व्यक्तियों को समर्पित कविताओं को छोड़कर शेष ऐसी सारी कविताओं में चित्रकला, पॉप–संगीत–संस्कृति, सिनेमा, विश्व कविता और राजनीति के संदर्भ और संकेत बिखरे पड़े हैं, लेकिन वे अनायास या संयोगवश ही वहां नहीं हैं। गीत चतुर्वेदी जैसे कवियों की रचनाओं के भीतर ऐसे हवाले मिलते ही रहते हैं, जिन्हें सारे के सारे जानना अनिवार्य भले ही न हो, बिना जाने कविता की समझ और आस्वादन कुछ अधूरे ही रहते हैं। दुर्भाग्यवश, हिंदी के जो मुट्ठी–भर मेधावी आलोचक हैं, वे भी कविता ही नहीं, अन्य साहित्यिक विधाओं, स्वयं आलोचना में भी प्रयुक्त ऐसे संदर्भों में नहीं जाते, कारण जो भी हों, जबकि अधिकांश सार्थक लेखन कभी भी संदर्भहीन नहीं रहा और समसामयिक रचनाकार, आलोचना से उनकी–जैसी ही, बल्कि ज़्यादा हो तो और अच्छा, जागरूकता की उम्मीद और मांग करते हैं। लेकिन यह भी सच है कि आज के सूचना–विस्फोट और इंटरनेट युग ने अनेक प्रतिभाशून्य बौद्धिक काहिलों को भी बहुत सारी जानकारी मुहय्या कर दी है, इसलिए सबसे पहले यह देखा जाना चाहिए कि कोई कविता कविता कहलाए और माने जाने योग्य है या नहीं, उसके बाद उसकी दूसरी ख़ूबियों की जांच और सराहना उचित होगी। हिंदी में आलम यह है कि अपनी प्रतिभा की सीमाओं में जिसे 'कवि' ने 'कविता' कह कर रच दिया और संपादक–प्रकाशक ने भी उसे 'कविता' मान और घोषित कर छाप दिया, अधिकांश पुच्छविषाणहीन 'आलोचक' उसे एक विकलमस्तिष्क स्वीकृति देकर उसके विश्लेषण में जुत जाते हैं। सौभाग्य की बात है कि गीत चतुर्वेदी उन कवियों में से हैं, जिनकी अधिकांश रचनाएं पहले पठन में ही वैध कृति होने का सबूत देती हैं।

●

यूं तो गीत चतुर्वेदी ने अपने संग्रह के शीर्षक के लिए अपनी छोटी हमउनवान कविता 'आलाप में गिरह' को चुना है, शायद इसलिए कि वह जीवन और सृजन के दुहरे संघर्ष को एक सुदीर्घ आलाप के रूप में देखते हैं, जिसमें उतार–चढ़ाव और रचनाएं गिरह की तरह आए हैं–गिरह लगाना गेय हिंदुस्तानी संगीत का ही मुहावरा है–कई बार लय टूटी है, सुर जोड़े गए हैं, कभी अनथक दौड़ है तो कभी अकारण

गिरना, कभी हंसी, कभी स्पर्धा तो कभी 'वॉकओवर'-ख़ुद इस संग्रह को एक पहली गिरह माना जा सकता है, लेकिन शायद उनकी वैविध्यपूर्ण जीवन-दृष्टि और रचनाधर्मिता को उनकी कविता 'काग़ज़' से कहीं बेहतर समझा जा सकता है, जिसमें वर्क़ ही वर्क़ बिखरे पड़े हैं, जिनमें से अलग-अलग पर पुराने गीत, हरी घास के बीच एक घोड़ा, न पहुंचाया गया प्रेमपत्र, नामकरण का निमंत्रण, शोक-संदेश, हत्या की सूचना, बेनाम फ़ोन नंबर और बेशुमार शब्द थे। उन काग़ज़ों में ऐसे भी थे जिन पर लिखा-पढ़ा नहीं जा सकता था, एक कोरा था, तो दूसरा धब्बेदार और तीसरे पर उंगलियों के दाग़ थे, एक में समोसे लाए गए थे, एक से हवाई जहाज़ बनाया था, तो दूसरे से नाव बनने वाली थी, एक अपने पीलेपन में महंगा था तो दूसरा सफ़ेदी में, एक जीवन में हरियाली लाने वाले हरे पत्ते की मानिंद था, दूसरा बार-बार ज़िद करता था कि उसके हाशिए पर कुछ लिखा जाए और यह भी तय था कि इन सारे काग़ज़ों के बीच एक सफ़हा और आकर रहने लगेगा और कवि को ऐसी उम्मीद है कि ये सारे काग़ज़ आपस में नहीं लड़ेंगे। ज़िंदा वर्क़ों की एक उम्मीद-भरी जम्हूरी दुनिया बस जाती है।

लेकिन राष्ट्रीय 'लोकतंत्र' की त्रासद-कामदी को कवि बख़ूबी जानता है-उसे फलों-सब्ज़ियों को चुनना-परखना सिखाया गया है और ठेलेवाले को भी उस पर एतराज़ नहीं है, किंतु घर पहुंचकर जब वह थैला उलटता है तो देखता है कि ख़ूब छांटे-जांचे गए सेब आलुओं में बदल जाते हैं और प्याज़ से सड़ी हुई बू उठने लगती है। अपनी वैचारिकी, राजनीति और प्रतिबद्धता को लेकर कवि ग जु या मुखर नहीं है लेकिन उसकी मानवीय पक्षधरता और सहानुभूति इतनी शदीद और पारदर्शी हैं कि वह किस तरफ़ है इसे लेकर कोई शक नहीं रह जाता। वह उस मर्दुमशुमारी का हामी है, जो यह साबित करती है कि उन लोगों की तादाद कहीं ज़्यादा है जिन्हें हमें मनुष्य मानना है। उसका विश्वास है कि जिन्हें पराजित माना गया, वही सही हैं। वह उस अनाम चायवाले को जानता है, जिसकी चाय, जो अभी पेटेंट होने को है, वे लोग ही पीते हैं जो चीज़ों को लगातार नायाब होते देखने और अभावों को झेलने और जीने पर मजबूर हैं और वह इस बात से बेख़बर है कि उसके होंठों से उसकी चाय का गीत छिनने वाला है। वह उस विधायक को पहचानता है, जो अपने एक ऐसे ज़िद्दी मतदाता की ज़मीन छीनना चाहता था, जो दफ़नाए जाने के बावजूद अपनी क़ब्र में ज़िंदा है और वहां से अब भी कह रहा है कि वह अपनी ज़मीन नहीं देगा।

गीत चतुर्वेदी का काव्य-संसार मार तमाम लोगों से आबाद है। उसमें उस आदमी की कहानी है, जो नदियों, पहाड़ों और झरनों को खोजने जंगलों में खो जाता

है। वहां एक दीन-हीन क़िस्म का पगलेट रहता है, जिसके पीछे हमेशा कुत्ते पड़े रहते हैं। नाइंटी टू के दंगे में जिसके बीवी-बगो ख़लास हो गए और मां की लाश भी कहीं नहीं है, वैसा आदमी अरब सागर में कूद कर ख़ुदकुशी करना चाहता है। एक शातिर ठग को याद करते हुए, जिसे हर आदमी पल-भर में पहचान जाता था, कवि बलपूर्वक कहता है कि मासूमियत ज़िंदा इसीलिए है कि ठगी भूखों न मर जाए, क्योंकि वह ऐसे फ़रेबी की हर बात पर भरोसा कर लेता था। उस दुनिया में कवि का एक ऐसा रिश्तेदार भी है, जिसने आमिर ख़ान के साथ फ़ोटो खिंचवाकर अपनी ज़िंदगी की सबसे बड़ी ख़ुशी हासिल कर ली थी। बंबई में जन्म लेकर वहीं पले-बढ़े गीत चतुर्वेदी एक असली मुंबईकर भी हैं, इसलिए उनकी कविता में एक उत्तर-भारतीय मुस्लिम लड़की है, जो अपने आशिक़ के बहकावे में फ़िल्म-स्टार बनने के लिए बॉम्बे आ पहुंची है। वहां नरीमन प्वाइंट है, जहां अकेले बैठे आदमियों के दिल में कसक उठती है और लड़कियां पता नहीं, किसका इंतज़ार करती हैं-वहां, जहां पानी उबलता नहीं है, उदास दिनों और रंगीन शामों में भीड़ होती है और बेचने वाले अपना सामान बेचते हैं। आधी रात में सड़क पर अकेले मुंबई में भटकने का विडंबनात्मक अनुभव है जिसमें सब तरह से पस्त हम या तो जल्दी घर पहुंचना चाहते हैं या इस सड़क पर ही काट देना चाहते हैं यह रात, जो पहले कभी इतनी डरावनी नहीं लगी थी।

लेकिन इस देश और समाज में भयावहता का साम्राज्य सिर्फ़ मुंबई की अर्धरात्रि में ही नहीं है-लुम्पेनीकरण इतना हो चुका है कि वह किसी उपनगर से लेकर पिथौरागढ़ तक माफ़ियाओं और ग़ुंडों में बदल चुका है। मजबूर परिवारों और अभिभावकविहीन लड़कियों को आतंकित करने वाले समूह और व्यक्ति सक्रिय हैं। फार्मूला यह है कि जब भी किसी को असहाय देखो, भले ही वह अपनी तरह निम्नमध्यवर्गीय या निम्नवर्गीय क्यों न हों, क्रूरता और अमानवीयता से काम लो। 'लुक्खे' और 'पिथौरागढ़-दिल्ली डायरेक्ट बस' में गीत चतुर्वेदी लुम्पेन पाशविकता के वे दृश्य प्रस्तुत करते हैं, जिन्हें इस देश के लाखों भुक्तभोगी और दर्शक रोज़ देखते हैं। एक स्टेशन पर देर से उतरे हुए, सामान से लदे-फदे परिवार के साथ लुक्खे (लुच्चे) ऑटो-रिक्शा चालक हिंसा तक पहुंचने वाली बदसलूकी करते हैं और बस का वह कंडक्टर जो बहनों को छोड़ने आए भाई से वादा करता है कि वह भी उन्हें बहनें ही समझेगा, आधी रात को उनमें से एक के साथ कमीनगी पर उतरने की कोशिश करता है। भारतीय समाज के लुगाकरण और अमानवीयता पर जो बहुत कम हिंदी कवि नज़र रखे हुए हैं, गीत चतुर्वेदी उनमें भी एक निर्भीक यथार्थवादी हैं। उनके यहां एक बच्ची की कहानी तक में बाढ़, आग और गोलियां

भी ख़ूब आती हैं, जो राजकुमार, राजकुमारी से यह कहता है कि वह दुनिया में सबसे ज़्यादा उसे ही चाहता है, फिर लौटकर नहीं आता, कहानी के किरदार मरते जाते हैं, कोई जीवित नहीं रह पाता। बुरी लड़कियां अपने तरीक़ों से मर रही हैं, अच्छी अपने तरीक़ों से, और दोनों की नियति नारकीय है।

'माउथ ऑर्गन' सरीखे एक बाजे के सहारे, जो बगों में लोकप्रिय है और 'बीटल्स' सरीखी पॉप गायन-मंडलियों द्वारा प्रयुक्त किए जाने के बाद जिसने विश्वव्यापी इज़्ज़त कमा ली थी, गीत चतुर्वेदी का 'पर्सोना' एक कहानी-सी बुनता है और एक जटिल रूपक स्थापित करता है। कहीं कोई बूढ़ा उस्ताद था, जो माउथ ऑर्गन पर विलक्षण अधिकार रखता था और मानता था कि उसने टेढ़े-मेढ़े रास्तों को ही सीधा समझा। शायद वह कोई अरेंजर था, जो सिंफनी से लेकर सिंथेसाइज़र तक सब समझता था और 'मैं' को माउथ ऑर्गन उसी ने सिखाया होगा। उस उस्ताद ने कोई सामान्य वाद्य क्यों नहीं सीखा, यह एक रहस्य है, लेकिन अचानक 'मैं' कविता को किसी और ही स्तर पर पहुंचा देता है : पीड़ा-भय को नहीं, छालों को दो मान्यता / महलों को नहीं मिस्त्री हाथों को / राम को मत दो शिवधनुष तोड़ने का श्रेय। वर्तमान से मिथिहास और वापस इक्कीसवीं सदी, पुराणों से सड़क पार करते भौंचक बिलौटे, यथार्थ से एक प्रतिबद्ध अतियथार्थ और सरलीकरण से समस्यामूलकता की इस आवाजाही के बीच कवि इस श्लेष के लिए भी गुंजाइश निकाल लेता है कि माउथ भी क्या है सिवाय एक ऑर्गन के। गीत चतुर्वेदी की काव्य-निर्मिति और शिल्प की एक सिफ़त यह भी है कि वे 'यथार्थ' और 'कल्पित', ठोस और अमूर्त, संगत से विसंगत, रोज़मर्रा से उदात्त की बहुआयामी यात्रा एक ही कविता में उपलब्ध कर लेते हैं। उनका 'मैं' भी कभी सिर्फ़ गीत चतुर्वेदी, तो कभी उनकी चेतना का एक अपर्याप्त सर्वनामी प्रतिनिधि होता रहता है। यह 'अप्रासंगिक' का कुछ मुखौटे लगाना और फिर उन्हें फेंक देना, एक चीख़ से शुरू होना और एक चुप्पी में बदल जाना, विक्टोरिया गाड़ी और अपने दादा की तरह बेमहल होकर ख़त्म होने का, उम्मीद के सहारे जी रहे करोड़ों की मौत से पैदा हुआ जीवन की भयावहता का अहसास भी है। ऐसे अनुभवों के बाद यही पूछा जा सकता है कि बताओ, दिल पर नहीं चलेंगे नश्तर तो कहाँ चलेंगे?

'मैं', 'तुम' और 'हम' के कई संस्करण गीत चतुर्वेदी की कविताओं में हैं, कभी अभिधात्मक, कभी लक्षणात्मक। फिर जिस एकल रचना में वे आते हैं, वह भी कहीं ग जु होती है, तो कहीं अर्थबहुल। ये सर्वनाम कविता को तय करते हैं या कविता इन्हें-यह भी बदलता रहता है। मालवा के सादा लोकप्रिय भोजन 'दाल-बाफले' से शीर्षक लेने वाली कविता में दाल तैयार हो चुकी है और 'मैं'

को कंडों में सिंकते हुए बाफलों की प्रतीक्षा है और एक प्रूस्तीय प्रक्रिया में वह स्मृतियों, यूनानी मिथकों, भारतीय घरों, मालवा के अपने चटोरे मित्रों के ख़्यालों, राजमार्गों और दरवेशों में भटकता हुआ आर्फ़ियसवत् हो जाता है, जिसे यदि अपनी तक़दीर पर नहीं बिसूरना, तो यहां-वहां भी नहीं देखना चाहिए, वर्ना संवेदनाएं जाग जाएंगी। ऐसी कविताएं केवल एक भावावेग की नहीं होतीं-जब यह कहा जाता है कि 'जो आग में घुसे बाफले / अभी तक लौटकर नहीं आए', तो इस अग्नि-परीक्षा में एक परिहास भी पढ़ा जा सकता है। एक भयावह फंतासी में 'कॉस्मेटिक सर्जरी' के घरेलू अभियान के तहत 'मैं' सोचता है कि अपने कुछ असंतोषप्रद बगो के साथ वह कितना संशोधन, कैसी काट-छांट करे कि सिर्फ़ कामपुरता और ख़ूबसूरत अंग-प्रत्यंग बच जाएं, बाक़ी तुलसीवट में फेंक दिए जाएं। अख़बार, टेलीविज़न और सिनेमा रोज़ यह सुझाव दे ही रहे हैं और सिर्फ़ बगों को लेकर ही नहीं। कभी एक ऐसे ही दुःस्वप्न में 'मैं' देखता है कि उसे कुछ कहता देखकर भी लोग उसकी अनसुनी कर रहे हैं-जहां चंद शब्दों से काम निकल जाता, वहाँ लाखों शब्द व्यर्थ चले गए, अब चिल्लाना ही बचा है, लेकिन क्या उसे भी देखकर अनदेखा-अनसुना नहीं कर दिया जाएगा? इस सुचिंतित बहरेपन का क्या इलाज है? जबकि इसका एक विडंबनात्मक पहलू यह भी है कि कहीं और वह ख़ुद ख़ुश है कि उसके कान बंद हैं क्योंकि वह बुरे को सुनना नहीं चाहता, अच्छे को वह नाक से सूंघकर जान लेता है और आंखों पर वह इसलिए यक़ीन नहीं करता कि वे सिर्फ़ फ़िल्में देखती हैं, यथार्थ देखने की शायद उनमें हिम्मत नहीं। क्षमा माँगती हुई एकाध विरल कविता में कवि और 'मैं' एक दिखाई पड़ते हैं, जब दांपत्य रस में वे घर के सारे काम कर डालते हैं और भूल-सुधार अभियान के तहत 'तुम्हारे शरीर' का श्रृंगारिक-ऐंद्रिक अभ्यंजन भी हो लेता है। भारत में प्रेम-विवाह के बावजूद दांपत्य का एक स्निग्ध, पेचीदा और हास-परिहास भरा चित्र 'नेरूदा और मातील्दा-2' में है कि चाहकर भी एक शादीशुदा जोड़ा संयुक्त परिवार में रहते हुए पाब्लो और उसकी प्रेमिका-पत्नी जैसा अंतरंग स्नेहिल फ़ोटो नहीं खिंचवा पाता।

कविताओं का 'मैं' जब सामूहिक 'हम' में बदलता है, तो तो कुछ अलग सामाजिक-राजनीतिक परिणाम सामने आते हैं। एक मित्र की असामयिक मृत्यु के बाद दोस्तों में भय, आशंका, सहानुभूति, स्मृति, अतीत-मोह तथा श्मशान-वैराग्य जैसी भावनाएं व्याप्त हो जाती हैं। हम देख हैं कि गीत चतुर्वेदी की कविता में एक परिहास-बोध आता-जाता रहता है और यहां भी वह एक 'ब्लैक ह्यूमर' के रूप में तो नहीं, लेकिन रोग और मृत्यु को टालने के लिए भोजन से नमक-तेल-मिर्च आदि कम कर देने के निम्न / मध्यवर्गीय गृहस्थों के संकल्प में मौजूद है, ताकि

यह ढाढस बना रहे कि अभी हम बहुत दूर हैं मौत की तारीख़ से। किंतु इस 'हम' का सामना एक क्रूरतर, व्यापक यथार्थ से 'सुब्हान अल्लाह' में होता है, जिसमें पवित्रता और ईश्वर का स्मरण कुछ कम है, भूले हुए सपने, ग़फ़लतें, परनिंदा, भुखमरी, किसी नायाब तरीक़े से मृत्यु, मस्तिष्क का कंप्यूटरीकरण और शरीर का मशीनीकरण, बेवजह विषाद, संपर्क क्रांति के बावजूद संवादहीनता, प्रतिक्रियावादी इतिहास–बोध, बंदूक़ और दवाओं की गोलियों वाली नियति, जलते श्मशान में बैठी बिसूरती डाकिनी और बहरी इबादतगाहों की उपस्थिति कहीं अधिक है, हालांकि इस सबके बीच एक ख़ुशी, बगों की मौजूदगी और नींद की राहत भी हैं। 'राख–इराक़' में दुःस्वप्न का माहौल क़ाबिज़ हमलावरों और वतनी दहशतपरस्तों के बीच फ़र्क़ को मिटा डालता है।

मेरा ऐसा पूर्वग्रह रहा है कि कवियों को अपने कवि होने या अपनी कविताओं पर कविता लिखने से यथासंभव बचना चाहिए, क्योंकि मैं ऐसे अधिकांश प्रयासों को अंततः आत्माभिनंदन, आत्मरति, आत्मकरुणा और प्रशंसापेक्षी ही मानता हूं, लेकिन गीत चतुर्वेदी की रचना 'अनलिखी कविताओं में', जो ग़ालिब, व्हिटमैन और शिम्बोर्स्का सरीखी महान काव्य–प्रतिभाओं को समर्पित है और कवि के आदर्शों और लक्ष्यों की सूचक है, अपने आप में एक वैध कविता है और समीक्षक की मदद करती है। यह मात्र काव्य–कला ('आर्स पोएटिका') की कविता नहीं है। वैसे, इस तरह की कविताओं पर एक गंभीर शोध की ज़रूरत है कि वे किस काव्य–मनोविज्ञान से उपजती हैं, कवि और उसकी कविता के बारे में क्या बतलाती हैं और सृजन–प्रक्रिया तथा साहित्य के समूचे कारोबार पर क्या असर डालती हैं। गीत चतुर्वेदी की इस कविता की अपूर्वता इसमें है कि वह कवि की पहले की कविताओं की नहीं, संभावित या भावी रचनाओं की बात करती है। यह एक शरारती कवि की जुगत या अदा भी हो सकती थी, जिसका सहारा लेकर वह अपनी पिछली रचनाओं को अगली रचना बतला सकता था, लेकिन यह तो स्पष्ट है कि अपनी भविष्य की काव्य–योजनाओं के बहाने वह अधिकांश समय अपने निजी और सार्वजनिक वर्तमान पर ही टिप्पणियां कर रहा है और आगामी काव्य–अभिप्रायों के संकेत दे रहा है। इसमें एक सृजनात्मक लाभ यह है कि वह इन कविताओं को न भी लिखे तो भी इस कविता में उनके ख़ुलासों के ज़रिए पूर्वाधिकृत (प्रि–एम्प्ट) किए जाने के बाद लिखी हुई ही मानी जाएंगी।

तो 'अनलिखी कविताओं में' इस संग्रह की अन्य कविताओं को जोड़ने के बाद कवि गीत चतुर्वेदी के बारे में हम कौन–से पूर्वानुमान लगा सकते हैं? ध्यातव्य है कि कवि की टेक है 'मैं लिखता'। वह 'मैं लिखूंगा' नहीं कह रहा है। तो क्या

हम यह मानें कि वह किसी गहरे विषाद या नैराश्य में वह यह जान चुका है या निश्चय कर चुका है कि वह उन अनलिखी कविताओं को लिखेगा ही नहीं? लेकिन आख़िर वह उनमें लिखना क्या चाह रहा था/है? यह कि देश या दुनिया एक स्थायी युद्ध में बदल चुके हैं, बंदी-शिविर हमारे घरों के पास हैं और क़ब्रिस्तान भी, माताएं अपने परिजनों की अस्थियां खोज रही हैं, औरतें उन मर्दों का इंतज़ार कर रही हैं जो कभी नहीं लौटेंगे, जिनके बगो बिलख रहे हैं। छल-कपट अब भी क़ायम हैं। कवि कहता है कि उसने अपने जन्म और जीवन के किसी भी मौलिक ब्यौरे का वरण नहीं किया-वे उसे चुनाव-विवेक से पहले ही दे दिए गए थे। उसके अपने गुनाह अभी नाकरदा ही थे कि बाक़ी सबकी सज़ा भी उसे सुना दी गई। गीत चतुर्वेदी की ये अनलिखी कविताएँ राष्ट्र और व्यक्ति-दशा ('स्टेट ऑफ़ द नेशन एंड द इंडीविजुअल') की कविता/कविताएँ हैं। उनमें क्या लिखा जाएगा और कैसे इनके बीच एक अच्छा-ख़ासा तनाव है, जो आशंका, निराशा और एक अप्रगल्भ, यथार्थवादी, लगभग उदास आशा के आरोहों-अवरोहों से जन्मता है, फिर उन्हें उपजाता भी है। निम्न/मध्यवर्ग के अपराध-बोध को ईमानदारी से महसूस करता हुआ कवि जान-बूझकर, जोखिम उठाता हुआ भी, एक आक्रामक, सकारात्मक यूटोपियाई आशावाद से बचता है। वह उन कविताओं की भाषा, शिल्प और शैली भी तय कर चुका है-वह ऐसे नौसिखिए की तरह लिखना चाहता है जिसे स्वयं सिद्ध कवि भी समझ लें, ऐसी कविताएं लिखना चाहता है, जो मनुष्य-निर्मित नहीं, स्वयं मनुष्य लगें, ऐसी भाषा में लिखना चाहता है जिससे अजनबी ज़ुबानें समझी जा सकें, वह उनमें हवा, पानी, नींद, आंसू सरीखी प्राथमिक चीज़ें लिखना चाहता है।

ऐसा नहीं कि गीत चतुर्वेदी या हिंदी कविता के लिए ये कार्य-सूची या संकल्प अछूते हैं। नेकी और बदी, शुभ और अशुभ, न्याय और अन्याय, प्रकाश और अंधकार, समता और विषमता, मानवीयता और अमानवीयता के बीच दुर्भाग्यवश जो तिक्त, जानलेवा, लगभग शाश्वत संघर्ष चला आता है, ये उसी की प्रतिश्रुत, विवेकशील, समष्टिचेतन रणनीति की अविस्मरणीय, अनिवार्य, पुनरावृत्ति (रिईटरेशन) हैं। इन्हें हर भविष्य के लिए दुहराना हर वर्तमान की नियति ही नहीं, कर्तव्य भी है। गीत चतुर्वेदी को एक छोटी बच्ची द्वारा सींचे जा रहे नीम के नन्हे पौधे की लघुता से भी साहस मिलता है। बोलने से पहले वे बोलने के जोखिमों से आगाह करते हैं, लेकिन अगर बोलना ही पड़ा, तो वह टकराव होगा, जिसमें तलवारें टूट जाएँगी-यही उन्हें यह कहने का परिहासपूर्ण कड़वा साहस देता है कि मालिक को ख़ुश करने के लिए मानवीय दिमाग़ इस सीमा तक ग़ुलाम हो सकता है कि अपने

और दूसरों के लिए नहीं, राजा की बेटी राजकुमारी के पैरों को कांटे से बचाने के लिए जूते का आविष्कार करता है।

अपनी एक बेहतरीन छोटी कविता 'ख़ुद-ब-ख़ुद ख़त्म' में गीत चतुर्वेदी ऐसी भाषा और शैली में, जो भवानीप्रसाद मिश्र की कुछ 'अंधेरी कविताओं' के मद्धिम, 'पैंसिव', सांध्यवेला संगीत का स्मरण दिलाती हैं, रुदन और हर्ष, जन्म और मृत्यु, जीवन और पुनर्जीवन की नित्यपरिवर्तित कक्षा-चक्रीय द्वंद्वात्मकता में न्यूनतम 'भारतीय' दार्शनिकता किंतु अधिकतम जागरूक और संयत् आवेग के साथ प्रवेश करते हैं। कविता की अवधारणा कुछ जटिल है, यदि उसमें कबीराना उलटबांसी है, तो वैसी सादगी और किफ़ायतशारी भी है। कविता एक ओर महाभारत के कृष्ण के 'उदात्त' और दूसरी ओर हिंदू पेती/बूर्ज्वा के पिष्टपेषित मृत्युचिंतन का शिकार बन सकती थी, किंतु अपने जिजीविषा-समर्थक लक्ष्य से विचलित न होते हुए कवि उसे एक अर्थ-बहुल, मार्मिक, तितिक्षु सकारात्मकता तक ले जाता है-वह सर्जक तत्व, जो गीत चतुर्वेदी की लगभग सभी कविताओं में अपने तमाम विरोधाभासों तथा विडंबनाओं और उनके प्रतिबद्ध समाधानों के साथ एक सूत्र की तरह पिरोया-हुआ सा लगता है। देखें :

अस्पताल के उस कमरे में
अभी थोड़ी देर पहले रो रहे थे पुरुष और महिलाएं
अब वहां एक बच्चा रो रहा है
कुछ लोगों के मातम की जगह आ गया है
कुछ लोगों का हर्ष

जो अभी-अभी मरा है
वह अगले जन्म में फिर जी जाएगा
जो अभी-अभी जन्मा है
वह पिछले जन्म में मरा ही होगा

जो मरा है
वह इसी जन्म में कितनी बार मरा होगा
जो जन्मा है
उसे इसी जन्म में अभी लेने हैं कितने और जन्म

●●●